绿色工厂

建党100周年河南绿色制造发展成果献礼

李大刚　李俊岭　桑　奎　主编

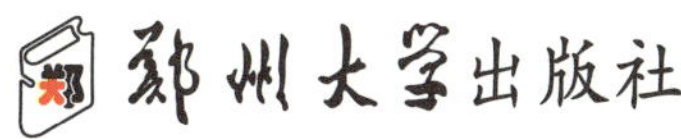

郑州大学出版社

图书在版编目(CIP)数据

绿色工厂:建党100周年河南绿色制造发展成果献礼/李大刚,李俊岭,桑奎主编.—郑州:郑州大学出版社,2021.7

ISBN 978-7-5645-7934-0

Ⅰ.①绿… Ⅱ.①李… ②李… ③桑… Ⅲ.①制造工业-工业发展-概况-河南 Ⅳ.①F426.4

中国版本图书馆CIP数据核字(2021)第119307号

绿色工厂:建党100周年河南绿色制造发展成果献礼

LÜSE GONGCHANG JIANDANG 100 ZHOUNIAN HENAN LÜSE ZHIZAO FAZHAN CHENGGUO XIANLI

选题策划	王卫疆	封面设计	苏永生
责任编辑	郜　毅	版式设计	凌　青
责任校对	胥丽光	责任监制	凌　青　李瑞卿
出版发行	郑州大学出版社有限公司	地　　址	郑州市大学路40号(450052)
出 版 人	孙保营	网　　址	http://www.zzup.cn
经　　销	全国新华书店	发行电话	0371-66966070
印　　刷	河南美图印刷有限公司		
开　　本	787 mm×1 092 mm　1/16		
印　　张	13.25	字　　数	316千字
版　　次	2021年7月第1版	印　　次	2021年7月第1次印刷
书　　号	ISBN 978-7-5645-7934-0	定　　价	168.00元

本书如有印装质量问题,请与本社调换

编委会

序

我们为什么要走进绿色工厂

2019年9月16日到18日，习近平总书记在河南考察。9月17日，总书记来到郑州煤矿机械集团股份有限公司时强调，制造业是实体经济的基础，实体经济是我国发展的本钱，是构筑未来发展战略优势的重要支撑。要坚定推进产业转型升级，加强自主创新，发展高端制造、智能制造，把我国制造业和实体经济搞上去，推动我国经济由量大转向质强，扎扎实实地实现“两个一百年”奋斗目标。

目前，河南已形成了装备制造、食品、电子、新型材料和汽车五大主导产业，正在重点推进新型显示和智能终端、生物医药、新一代人工智能等十个新兴产业链发展。作为制造业发展的重要方向，绿色制造体系正在成为河南制造绿色转型升级的示范标杆，成为河南制造参与国际竞争的领军力量。最近两年，河南省入选国家级绿色工厂的企业数量稳居中部第一。

为进一步助推河南绿色制造发展，2020 年 8 月，“绿色工厂产融对接直通车”系列采访正式启动，这既是践行总书记对制造业发展的殷殷嘱托，也是“六稳六保看河南 · 企业一线见闻”系列报道的落地深化，同时也是 2020（第十六届）大河财富中国论坛的一次特别行动。

一、国家持续推进绿色制造，样本名单不断公布

随着科技进步以及资源、环境等制约因素不断增强，发展绿色工厂，推进制造业绿色转型发展，已成为制造业国际竞争的新趋势。

根据工信部公布的《绿色工厂评价通则》，绿色工厂是指实现用地集约化、生产洁净化、废物资源化、能源低碳化的工厂。绿色工厂与绿色产品、绿色园区、绿色供应链一起构成了绿色制造体系的重要组成部分，是促进工业各行业结构优化、脱困升级、提质增效的重要途径。

2020 年 9 月 21 日，工信部第五批绿色制造名单结束公示。包括绿色工厂 719 家、绿色设计产品 1 073 种、绿色工业园区 53 家、绿色供应链管理企业 99 家。其中，许继电气有限公司、远东传动轴股份有限公司、洛阳中联水泥有限公司等 29 家河南企业入选国家级绿色工厂名单。郑州天河通信科技有限公司、洛阳美迪雅瓷业有限公司等 12 家企业设计的 24 款产品入选绿色设计产品。

绿色园区方面，济源市玉川产业集聚区、长葛市产业集聚区被评选为绿色工业园区。

此外，郑州太古可口可乐饮料有限公司、三全食品股份有限公司、好想你健康食品股份有限公司、河南许继仪表有限公司、河南超威正效电源有限公司等 8 家企业被评选为绿色供应链管理企业。

绿色制造体系建设示范推荐工作，是工信部积极贯彻“创新、协调、绿色、开放、共享”五大发展理念，落实《绿色制造工程实施指南（2016—2020 年）》的要求，加快推动生产方式绿色化、大幅增加绿色产品供给和推动工业绿色升级的重要内容。

二、河南“国家级绿色工厂”数量连续两年中部第一

近年来，河南省积极把握制造业发展趋势，依靠人工智能、大数据、物联网、云计算等新一代信息技术，加速向智能制造、绿色制造、高端制造方向转型升级，推动经济持续发展、生态持续改善，积极推进工业企业绿色化、智能化改造，有力推动了河南工业的高质量发展。

“鼓励企业通过创新、完善产业链条来实现竞争力提升。”河南省工业和信息化厅党组书记、厅长李涛接受大河报 · 大河财立方记者采访时说，这几年，河南制造业通过实施绿色化改造，不少企业已经达到了超低排放、绿色工厂、花园式工厂的要求。

例如，登封嵩基水泥有限公司投资 5 100 万元打造的 SCR 脱硝治理系统，获评建材行业超低排放示范项目；漯河市平平食品有限责任公司污水深度处理系统排放达标率 100%；河南黎明重工科技股份有限公司投入 2 000 万元进行绿色化改造，电能消耗降低 20%。

围绕绿色化改造，河南在环保技术方面也形成了自己的产业优势。以省内钢铁、水泥、电解铝行业的大多绿色工厂为例，不仅自身实现了绿色化改造，还带动了节能技术和环保产业的发展。

截至目前，河南省已累计创建115家国家绿色工厂、31项绿色设计产品、10家绿色园区、10家绿色供应链管理示范企业。

其中，在2019年工信部评选的第四批绿色制造名单里，河南省有48家入选国家绿色工厂，新增数量位居中部六省第一；在2020年评选中，河南省有29家入选国家级绿色工厂，新增数量再次位列中部六省第一。

据了解，未来河南省将持续推进“三大改造”，尤其是企业的绿色化改造，这是提升制造业竞争水平的关键举措。同时还将持续优化政策环境，发挥财政奖励政策的推动作用和试点示范的引领作用，提升绿色制造专业化、市场化公共服务能力，促进形成市场化机制，建立高效、清洁、低碳、循环的绿色制造体系。

三、“政银媒企”联合赋能河南绿色制造

在第五批国家级绿色制造名单公示之际，“绿色工厂产融对接直通车”系列采访也在第一时间启动。

2020年，受疫情影响，以制造业为代表的实体经济爬坡过坎，处于发展和转型的关键时期，颇为不易。在河南省工信厅和河南日报报业集团的指导下，本次活动将关注的目光投向绿色工厂的新成绩、新发展，走访企业也从河南省前五批入选的国家级、省级绿色工厂中筛选产生。采访活动旨在推广河南绿色制造发展成果，提升企业知名度和美誉度，进一步唤醒企业绿色发展意识，加快推进河南省制造业的绿色化、智能化步伐。

不仅如此，大河报·大河财立方还利用在金融垂直领域的影响力，联合多家金融机构送去金融活水。“绿色工厂产融对接直通车”邀请金融机构走进绿色工厂企业，搭建绿色信贷与绿色制造的“绿色通道”，用金融活水浇灌实体经济。

作为活动的联合主办单位，郑州银行此次专门推出 100 亿元意向授信额度来支持河南绿色制造企业。郑州银行自 2014 年起开始探索绿色金融发展，不断将社会资金引导至绿色产业，并将绿色发展理念落地生根。2021 年 3 月，郑州银行还助力发行总规模为 200 亿元的国内首单“碳中和”绿色金融债。

为了满足企业多样化融资需求，“绿色工厂产融对接直通车”活动，特别联合了中原金控、中原证券、郑州投资控股、百瑞信托、华隆基金、财立方商业保理等不同门类的金融单位参与。从阵容上看，涵盖了银行、金控、证券、信托、基金、保理等多门类的国有金融

机构。这种组合可以根据实际情况，为企业提供综合化、一站式的立体化金融服务。

前言

2021年是中国共产党成立100周年。100年来,中国共产党带领全国人民绘就了一幅波澜壮阔、气势恢宏的历史画卷,谱写了一曲感天动地、气壮山河的奋斗赞歌。

为迎接党的百岁华诞,由河南省工业和信息化厅、河南日报报业集团指导编撰的《绿色工厂——建党100周年河南绿色制造发展成果献礼》正式出版。此书是对近年来河南绿色制造发展成果的总结回顾,更是落实习近平总书记"绿水青山就是金山银山"绿色生态发展理念的一次重要实践。

2015年10月,党的十八届五中全会正式提出"创新、协调、绿色、开放、共享"五大发展理念,将绿色发展作为关系我国发展全局的重要理念。

2020年10月,党的十九届五中全会再次提出推动"绿色发展",并对绿色发展进行战略部署,要求深入实施可持续发展战略,完善生态文明领域统筹协调机制,构建生态文明体系,促进经济社会发展全面绿色转型,建设人与自然和谐共生的现代化。会上发布的十四五规划进一步勾勒出清晰的绿色发展路线图:加快推动绿色低碳发展,持续改善环境质量,提升生态系统质量和稳定性,全面提高资源利用效率。

发展绿色制造对践行新发展理念,推动生态文明建设具有重要意义。绿色制造体系建设示范推荐工作,是我国以五大发展理念为指引,以《绿色制造工程实施指南(2016—2020年)》为要求,推动的一场具有时代意义的工程。

河南作为工业大省,近年来,针对工业发展领域"大而不强、多而不优"、能源资源依赖度过高等实际问题,特别提出了要将绿色化改造提升到新高度,连同智能改造、技术改造,并列纳入工业"三大改造"攻坚任务,支撑河南省经济高质量发展。

目前,河南已形成了装备制造、食品、电子信息、新型材料、汽车五大主导产业,正在重点推进新型显示和智能终端、生物医药、新一代人工智能等10个新兴产业链发展。这些产业撑起了河南制造业的脊梁。其中,绿色制造体系正在成为河南制造业绿色转型升级的示范标杆、参与国际竞争的领军力量。最近两年,河南省入选国家级绿色工厂(公示)的企业数量,稳居中部第一。

绿色制造的发展离不开金融支持,尤其是企业在经济结构调整和发展转型时期,更需要创新金融服务方式。

在2020年这一特殊年份,在河南省工业和信息化厅、河南日报报业集团的指导下,由大河报·大河财立方、郑州银行主办,中原金控、中原证券、中原资产、郑州投资控股、百瑞信托、华隆基金、财立方商业保理等单位协同推进,大展红旗和吉展红旗对"绿色工厂产融对接直通车"活动的特别支持应时启动。

从酷暑到寒冬，大河报·大河财立方组成"财媒+金融"采访团，在几个月的时间里，走访了河南省17个省辖市和济源示范区等39家国家级、省级绿色工厂，涉及建材、装备制造、食品、电子电器、医药、钢铁、汽车等10多个行业领域，推出近50篇新闻报道。金融机构与采访调研企业建立深度融资沟通机制，有效地缓解了绿色企业的融资难题。

这一创新尝试，开启了政银媒企合作新模式，搭建了绿色信贷与绿色制造的"绿色通道"，推动金融活水浇灌出生机更为盎然的绿色经济。

如今，在建党100周年之际，将此次行动研究成果和相关报道集结成书，是为纪念，更为推动绿色制造在中原大地深厚扎根。我们坚信，绿色制造必将迎来更光明的发展前景，必将成为河南"十四五"新征程中一道亮丽的风景线。

编者

2021年5月

上卷　河南绿色工厂发展及分布

下卷　河南绿色工厂典型案例

上卷

河南绿色工厂发展及分布

河南绿色工厂区域生态和发展概况

一、河南省经济发展概述

河南历史文化悠久，是华夏历史文明之源；文化灿烂，人杰地灵、名人辈出，是中国姓氏的重要发源地；资源丰富，是全国农产品主产区和重要的矿产资源大省；人口众多，是全国人口大省，劳动力资源丰富，消费市场巨大；区位优越，位居天地之中，素有“九州腹地、十省通衢”之称，是全国重要的综合交通枢纽和物流、信息流中心；农业领先，是全国农业大省和粮食转化加工大省；发展较快，经济总量稳居全国第5位；潜力很大，正处于蓄势崛起、攻坚转型的关键阶段，发展活力和后劲不断增强。

根据统一核算结果，2020年，河南省实现生产总值54 997.07亿元，比上年增长1.3%。其中，第一产业增加值5 353.74亿元，增长2.2%；第二产业增加值22 875.33亿元，增长0.7%；第三产业增加值26 768.01亿元，增长1.6%。三次产业结构为9.7∶41.6∶48.7，第三产业增加值占生产总值的比重比上年提高0.2%。全年城镇新增就业人员122.59万人，失业人员实现再就业36.85万人，就业困难人员实现就业12.22万人，年末城镇登记失业率3.24%。新增农村劳动力转移就业45.81万人，新增返乡下乡创业16.40万人，带动就业74.68万人。年末农村劳动力转移就业总量3 086.70万人，其中省内转移1 850.26万人，省外输出1 236.44万人。

二、河南工业发展情况

依托区位、资源、市场、人口等优势，经过几十年的发展，河南省工业已经基本形成了门类齐全、体系完整的发展态势，工业发展成绩初显。

从发展势头来看，河南省正处于工业化中期前半阶段，在中部崛起、中原城市群、郑洛新国家自主创新示范区等一系列国家战略的叠加效应下，在未来相当长一段时间内，工业化进程将持续加快。但是，受资源禀赋限制，河南省尚未摆脱高能耗、高排放的发展模式约束，环境、能源约束将日益增强。

一是，从生态环境看，2017年，河南省二氧化硫、氮氧化物和粉尘的排放强度分别是全国平均水平的3.94倍、3.93倍和2.91倍。到2018年，虽然河南基本完成目标任务，但大气污染等环境问题仍然明显，拉低了老百姓对高品质美好生活的体验感。全省，尤其是个别重工业化程度较高的省辖市，其生态环境面临严重压力。

二是，从能源支撑看，河南省以煤炭为主的能源结构没有改变，煤炭占一次能源消费总量的比重仍在70%左右。

从产业结构来看，虽然过去几年，河南省坚持走绿色发展道路，产业结构逐年优化，但在河南省仅占全国1.7%的国土面积上，却集中了全国6.4%的水泥、3.3%的钢材、7%的电解铝产量。有色金属、化工等六大高载能行业占工业的比重仍在35%左右。冶金、电力等六大高排放行业大气污染物的排放总量占总工业排放量的45%以上。对标兄弟省份，河南省“工业结构偏重、能源结构偏煤、发展方式偏粗、布局发展偏乱”的问题较为突出，“环境容不下、资源撑不住、发展保不了”已经成为制约河南省产业发展的瓶颈。

三、绿色工厂发展简述

针对河南省工业发展“大而不强、多而不优”、能源资源依赖度过高等实际问题，河南省将绿色化改造提升到更高的高度，与智能改造、技术改造，并列纳入工业“三大改造”攻坚任务，以支撑河南省转型高质量发展，并最终形成了转型攻坚“1+5”实施方案。

在此背景下，《河南省推进工业绿色化改造攻坚方案》（以下简称《方案》）正式出台。该《方案》明确了包括绿色示范工厂、实施能效水效领跑者行动、清洁生产提升行动、发展节能环保产业、推进退城入园等重点任务。

在总体工作部署过程中，考虑到工业绿色转型具有连续性强、发展惯性大等特点，河南省明确2017年为启动年，根据2018年、2020年两个时间节点，确定了年度目标。

2017年，河南省规模以上单位工业增加值能耗要比2016年降低4.5%；力争创建20家绿色示范工厂，同时启动绿色园区创建工作；力争组织实施100家自愿性清洁生产审核。

2020年，河南实现规模以上单位工业增加值能耗比2016年降低18%；力争创建100家绿色示范工厂和10个绿色园区；力争100家企业进入能效水效领跑者名单或有产品进入节能机电设备（产品）、能效之星产品目录。最终实现全省工业绿色化水平明显提升，绿色化改造由重点骨干企业向多领域、全行业拓展，二氧化硫、氮氧化物、化学需氧量、氨氮排放量控制在国家下达指标范围内。

经过几年不懈努力，截至2020年底，河南省已累计创建115家国家绿色工厂、32项绿色设计产品、10家绿色园区、10家绿色供应链管理示范企业，省级绿色工厂达到94家。

在中部六省绿色工厂排名中，最近两年，河南省入选国家级绿色工厂的企业数量，稳居中部第一。

绿色工厂河南城市分布一览

近年来,环保指标约束越来越明显,河南各辖市纷纷出台实体经济绿色发展转型的相关政策,引导实体经济迈向生态共融,提升城市实体经济的永续发展能力。绿色工厂数量,是一个城市工业经济发展规模和质量的重要指标,也在一定程度上反映了一个城市工业经济绿色发展质量和实体经济永续发展能力。

一、国家级绿色工厂河南地市分布

以国家级绿色工厂为例,目前河南 17 个省辖市和济源示范区,除了周口市外,都拥有国家级绿色工厂(表 2-1)。分别为郑州市 24 家、洛阳市 12 家、南阳市 10 家、新乡市 10 家、驻马店市 9 家、安阳市 8 家、焦作市 8 家、鹤壁市 4 家、漯河市 4 家、濮阳市 4 家、信阳市 4 家、许昌市 4 家、济源示范区 3 家、平顶山市 3 家、三门峡市 3 家、商丘市 3 家、开封市 2 家。

表 2-1　河南省国家级绿色工厂城市分布

序号	城市	数量(家)	2020 年 GDP(亿元)
1	郑州	24	12 003.04
2	洛阳	12	5 128.36
3	南阳	10	3 925.86
4	新乡	10	3 014.51
5	驻马店	9	2 859.27
6	安阳	8	2 300.48
7	焦作	8	2 123.6
8	鹤壁	4	980.97
9	漯河	4	1 573.88
10	濮阳	4	1 649.99
11	信阳	4	2 805.68
12	许昌	4	3 449.23

续表

序号	城市	数量(家)	2020 年 GDP(亿元)
13	济源	3	703.16
14	平顶山	3	2 455.84
15	三门峡	3	1 450.71
16	商丘	3	2 925.33
17	开封	2	2 371.83

(数据来源:河南省工信厅、河南省统计局)

目前拥有国家级绿色工厂数量排名靠前的五个城市为郑州、洛阳、南阳、新乡、驻马店。河南省统计局数据显示,2020 年,这五个城市的 GDP 规模分别为 120 003.04 亿元、5 128.36 亿元、3 925.86 亿元、3 014.51 亿元、2 859.27 亿元,均在 2 000 亿元以上。

郑州是河南省省会,是郑州都市圈核心城市,是正在建设国家中心城市。同时,郑州也是河南实体经济发展相对较好的城市,数字经济、先进制造业、生物医药、装备制造、绿色经济发展相对迅速,拥有郑州煤矿机机械集团、宇通客车股份有限公司、中铁工程装备集团、安图生物工程股份有限公司、好想你健康食品股份有限公司、三全食品股份有限公司、思念食品股份有限公司等一批全国知名品牌。

郑州之后,河南省国家级绿色工厂排名第二的洛阳市,是正在积极建设当中的副中心城市,更是河南省的传统重工业基地,辖区内的中信重工、一拖股份均在行业中处于领头羊位置。排名第三的南阳市,是豫鄂陕交界地区的区域性中心城市,2017 年—2020 年,南阳市分别实现 GDP 规模 3 377.70 亿元、3 566.77 亿元、3 814.98 亿元和 3 925.86 亿元,连续四年稳居河南省第三,仅次于郑州、洛阳。

相比其他城市,郑州市企业对国家级绿色工厂的关注程度更高。在工信部第一批国家级绿色工厂名单里面,有 2 家河南企业,其中就有郑州瑞泰耐火材料科技有限公司(以下简称河南瑞泰)。在工信部第二批国家级绿色工厂名单中,河南企业增至 8 家,其中 4 家来自郑州。在工信部第三批国家级绿色工厂名单中,有 28 家企业来自河南,其中 8 家为郑州企业。

郑州之外,洛阳市企业参与的积极性也很高,且企业申报和获得工信部认定国家级绿色工厂的数量比较稳定。在第二批国家级绿色工厂名单中,有 2 家来自洛阳,分别为洛阳白马集团有限责任公司(以下简称洛阳白马)和中航锂电(洛阳)有限公司(以下简称中航锂电)。在第三批、第四批和第五批国家绿色工厂名单中,来自洛阳的企业数量分别为 3 家、4 家和 3 家。

在工信部认定的第三批国家级绿色工厂名单中,有 2 家企业来自南阳市,分别为亚澳南阳农机有限责任公司和淅川中联水泥有限公司(以下简称淅川中联水泥)。在工信部认定的第四批和第五批国家级绿色工厂名单中,来自南阳的企业分别达到 5 家和 3 家。

分析河南国家级绿色工厂名单会发现，拥有国有资本基因的企业对绿色环保认证的重要性认识更加充分，入选工信部第一批国家级绿色工厂的两家河南企业均拥有央企背景，其中郑州瑞泰股权穿透后的实际控制人为央企中国建材集团有限公司，而河南甾体生物科技有限公司股权穿透后的实际控制方则为央企新兴际华集团有限公司。洛阳首批两家入选国家级绿色工厂的洛阳白马和中航锂电也都有国资背景。南阳市首批入选国家级绿色工厂的淅川中联水泥股权穿透后的实际控制人则为中国建材股份有限公司。

二、河南省级绿色工厂城市分布

在工信部印发关于评定国家级绿色工厂指标体系不久，河南省也印发了河南版的"省级绿色工厂"评价指标体系，并着手打造自己的"省级绿色工厂"群体，通过相应的产业和金融政策安排引导更多实体企业发展绿色制造能力，同时也培养更多"国家级绿色工厂"，提高河南省绿色工厂企业数量和河南省绿色经济发展质量。

截至目前，河南省分 4 批评出 94 家省级绿色工厂。河南 17 个省辖市和济源示范区中，分别为郑州市 16 家、洛阳市 9 家、新乡市 9 家、焦作市 6 家、南阳市 5 家、开封市 5 家、平顶山市 5 家、许昌市 5 家、驻马店市 5 家、安阳市 4 家、濮阳市 4 家、周口市 4 家、鹤壁市 3 家、济源示范区 3 家、漯河市 3 家、三门峡市 3 家、商丘市 3 家和信阳市 2 家(表 1-2)。

表 1-2　河南省级绿色工厂地域分布

序号	城市	数量(家)
1	郑州	16
2	洛阳	9
3	新乡	9
4	焦作	6
5	南阳	5
6	开封	5
7	平顶山	5
8	许昌	5
9	驻马店	5
10	安阳	4
11	濮阳	4
12	周口	4
13	鹤壁	3
14	济源	3

续表

序号	城市	数量(家)
15	漯河	3
16	三门峡	3
17	商丘	3
18	信阳	2

(数据来源:河南省工信厅)

对比有国家级绿色工厂和省级绿色工厂数量较多的5个城市,两者表现出较高的重合度。郑州、洛阳、新乡和南阳是河南省有国家级绿色工厂和省级绿色工厂最多的4个城市。驻马店位列河南省国家级绿色工厂数量前五、焦作位列省级绿色工厂数量前四。

另外,河南省还分3批梳理出79家培育类绿色工厂企业,其中15家成功入选国家级绿色工厂,5家入选河南省级绿色工厂。

从行业分布看绿色工厂“产业画像”

河南省绿色工厂的产业分布，一定程度上体现了河南实体经济的“产业画像”，也反映了河南省实体经济在国家新型工业化进程中所处的阶段和未来发展趋势。

一、国家级绿色工厂行业分布情况

根据河南省工信厅提供的数据，目前河南省拥有的115家国家级绿色工厂分布在36个行业（表1-3），分别为装备制造21家、食品16家、化工9家、建材7家、轻工7家、电子电器5家、材料4家、电子信息4家、医药制造业4家、有色金属4家、金属制造业3家、水泥制造3家、非金属矿物制品2家、黑色金属冶炼及压延加工2家、耐火材料2家、有色金属冶炼及压延加工2家、包装装潢及其他印刷1家、电子设备制造1家、电子专用材料制造1家、动力电池制造1家、纺织业（轻工）1家、改装汽车制造1家、化学药品原料药制造1家、机械加工1家、机械制造1家、铝加工1家、内燃机及配件制造1家、其他非金属矿物制品1家、汽车1家、生物制药1家、塑料制品制造1家、通用设备制造1家、医疗仪器及器械制造1家、有色金属压延加工1家、种植加工业1家、专用设备制造1家。

表1-3　河南省国家级绿色工厂按照行业分类

序号	行业分类	企业数量
1	装备制造	21
2	食品	16
3	化工	9
4	建材	7
5	轻工	7
6	电子电器	5
7	材料	4
8	电子信息	4
9	医药制造业	4
10	有色金属	4
11	金属制造业	3

续表

序号	行业分类	企业数量
12	水泥制造	3
13	非金属矿物制品	2
14	黑色金属冶炼及压延加工	2
15	耐火材料	2
16	有色金属冶炼及压延加工	2
17	包装装潢及其他印刷	1
18	电子设备制造	1
19	电子专用材料制造	1
20	动力电池制造	1
21	纺织业(轻工)	1
22	改装汽车制造	1
23	化学药品原料药制造	1
24	机械加工	1
25	机械制造	1
26	铝加工	1
27	内燃机及配件制造	1
28	其他非金属矿物制品	1
29	汽车	1
30	生物制药	1
31	塑料制品制造	1
32	通用设备制造业	1
33	医疗仪器及器械制造	1
34	有色金属压延加工	1
35	种植、加工业	1
36	专用设备制造	1

(数据来源:河南省工信厅)

河南省国家级绿色工厂的行业分布，与河南省的产业发展政策相关性较强，侧面反映了河南省经济转型发展的成就。排名前十的行业分别为装备制造、食品、化工、建材、轻工、材料、电子信息、医药制造业和有色金属行业。其中，装备制造、食品、新型材料、电子信息、汽车均为河南省正在打造的五大优势主导产业。此外，目前河南省正在重点推进新型显示和智能终端、生物医药、节能环保、新能源及网联汽车、新一代人工智能、网络安全、尼龙新材料、智能装备、智能传感器、5G 等 10 个新兴产业链发展。

作为农业大省和新兴工业大省，河南省在新型装备制造领域和食品领域优势已经十分明显。在新型装备制造领域，中信重工机械股份有限公司享誉海内外，郑煤机集团已经发展成为煤机行业的领头羊，而卫华集团则被工信部认定为“全国制造业单项冠军示范企业”。在食品领域，河南涌现出了双汇、三全、思念等响当当的行业品牌，平平食品生产的“卫龙辣条”已经成为时尚新宠。

二、河南省级绿色工厂行业分布

截至目前，河南省已经认定 94 家河南省级绿色工厂，主要来自 21 个行业（表 1-4），分别为电子电器 14 家、装备制造 13 家、化工 11 家、轻工业 10 家、水泥 7 家、有色 6 家、建材 5 家、食品 4 家、机械 4 家、材料 3 家、电子 3 家、医药 3 家、钢铁 2 家、制药 2 家、皮革 1 家、石化 1 家、水处理装备 1 家、塑料制品 1 家、涂料 1 家、有色加工 1 家和再生资源 1 家。

表 1-4　河南省级绿色工厂行业分布

序号	行业	数量
1	电子电器	14
2	装备	13
3	化工	11
4	轻工	10
5	水泥	7
6	有色	6
7	建材	5
8	食品	4
9	机械	4
10	材料	3
11	电子	3
12	医药	3
13	钢铁	2

续表

序号	行业	数量
14	制药	2
15	皮革	1
16	石化	1
17	水处理装备	1
18	塑料制品	1
19	涂料	1
20	有色加工	1
21	再生资源	1

（数据来源:河南省工信厅）

2019 年,河南省深入实施制造业智能、绿色、技术三大改造,工业技改投资增长 53%。加快 12 个重点产业转型发展,装备制造、电子信息产业增加值分别增长 18%、13%左右。战略性新兴产业、高技术制造业增加值增速分别高于规模以上工业增速 5 个百分点和 2 个百分点左右。重点培育智能装备、智能传感器等十大新兴产业。工业机器人、新能源汽车、锂离子电池等新产品产量快速增长。

在河南省现有的 59 家培育类绿色工厂中,水泥制造、食品、耐火材料和机械和化工行业的企业较多,分别为 12 家、5 家、3 家、5 家和 4 家。

河南绿色工厂四大特征

河南作为新兴工业大省，一直把制造业转型升级作为高质量发展的主战场，近年来更是乘着“绿色发展”之风，全力向高端化、智能化、绿色化迈进。

截至目前，河南省已累计创建 115 家国家绿色工厂、32 项绿色设计产品、10 家绿色园区、10 家绿色供应链管理示范企业。其中，国家级绿色工厂数量连续多年居中部第一，从整体情况来看，呈现出以下几个特点。

一、辐射范围广

以五批获评国家级绿色工厂的企业为例，其所在行业涉及钢铁、有色金属、化工、建材、机械、汽车、轻工、食品、纺织、医药、电子信息等重点行业。其中装备制造占比约为 17%、化工行业占比约为 8%、食品加工占比约为 7%、轻工行业和建材行业占比均为 6%。从区域角度来看，国家级绿色工厂基本涵盖了河南省内主要城市，其中郑州占比 18% 领衔，洛阳、南阳、驻马店、新乡等紧随其后。全省各地围绕建立健全绿色、低碳、循环的经济发展体系这一目标，将绿色意识、绿色设计、绿色技术、绿色生产、绿色管理、绿色供应链等理念贯穿于工业产品的全生命周期中，充分运用系统思维，大力推动工业企业实施绿色化改造、实现绿色制造。

二、创绿成效好

在创建绿色工厂过程中，河南企业以绿色工厂为抓手，大力推动工业节能、节水与清洁生产，围绕高耗能、高耗水行业推动能效、水效“领跑者”活动，涌现出一批典型企业。

河南心连心化肥有限公司连续 9 年被评为国家能效“领跑者”标杆企业，最终在第三批申报过程中被认定为国家级绿色工厂，通过对标达标、绿色改造助力绿色工厂创建，成为河南省化工行业的绿色发展典范。

河南平棉纺织集团有限公司从一开始就高度关注绿色工厂的高质量创建。截至目前，该公司已先后完成 5 兆瓦分布式光伏电站建设、再生棉回收利用、雨水收集、空压机余热回收等多项绿色化改造项目，年利用太阳能发电 520 万千瓦时、回收利用再生棉等原材料 270.49 吨。利用合同能源管理机制对原有的落后空压机进行了高效设备替代，年可节约电费 100 余万元。

已在 2011 年获评“河南省绿色企业”的隆华科技，近两年来又持续投入数千万元进行产能提升和环保设备设施、环保技术及节能降耗的改造，公司环保设备设施达到国内较为先进水平。在这一基础上，隆华科技业绩也创下近年来新高。

三、支持力度大

近年来,河南省继续扩大"绿动河南"工业绿色发展宣贯彻活动的影响力,积极尝试用微信、小程序等全媒体时代企业喜闻乐见的方式,全方位、立体式解读绿色发展趋势和政策,交流分享绿色发展典型经验,增强企业绿色发展意识。创新宣贯形式,积极尝试小型沙龙、电视电话会议等多种方式,拓宽政策宣贯渠道,贴近企业需求进行案例分享。搭建绿色制造供需平台,为企业绿色发展提供系统解决方案,让宣贯结合实效,取得企业更大的认同感。

2017 年 6 月,河南省出台《河南省支持转型发展攻坚战若干财政政策》,对创建成为国家级绿色示范工厂、绿色工业园区的一次性给予 200 万元奖励,支持力度大,含金量高,为引导企业争创绿色工厂,建立绿色发展长效机制,打下了坚实的政策支持基础。

这一政策的出台,不仅给河南工业绿色转型注入了"强心针",也为各地市出台相应政策做出了榜样。围绕"三大改造"转型攻坚任务,河南各辖市、直管县纷纷出台各具特色的支持政策。

其中郑州市对列入国家级、省级的绿色园区、绿色工厂分别给予 200 万元、100 万元的一次性奖励;开封市由市财政在上级支持的基础上,分别对国家级绿色产品、绿色工厂、绿色园区按照 10 万元、30 万元、100 万元的标准给予奖励,对省级分别按 5 万元、10 万元、50 万元的标准予以奖励;济源市对评为国家级的绿色工厂、绿色设计产品、绿色园区、绿色供应链管理企业,由市财政按照省级财政奖励(200 万元)的 30%给予配套补助。目前,河南基本形成了"省市联动、协同推进"的工作局面,助力全省工业绿色转型升级。

四、绿色生态完善

"独木不成林。"在协同推进工业绿色转型发展工作中,河南省一方面高度重视政府部门的引导作用;另一方面,坚持让专业的人做专业的事,不断强化第三方服务机构的业务能力,整合有志于推动工业绿色发展的社会力量,参与到工业转型升级的大潮中来。

在产业层面,大力推动本地化服务机构能力建设和节能环保产业发展。截至目前,河南省累计培育了 3 家国家级工业节能与绿色发展评价中心,5 家省级绿色制造体系建设第三方服务机构,10 家培育类绿色制造体系建设第三方服务机构,已经具备了服务河南省绿色工厂创建的基础能力。

在发展节能环保产业方面,河南省积极推广工业领域脱硫、脱硝、除尘、挥发性有机物处理等大气治理所使用的专用装备,同时大力向工信部推荐相关企业。河南康宁特环保科技股份有限公司等 10 家企业最终列入工信部《环保装备制造行业(大气治理)规范条件》符合企业名单。

在节能装备推广应用方面,"十三五"以来,河南省共 5 项节能技术、50 项节能装备、10 项"能效之星"产品、1 项绿色数据中心先进适用技术被列入国家公告目录,其中 2020 年我省 1 项节能技术、35 项节能技术装备、4 个"能效之星产品"、1 项绿色数据中心先进适用技术进入国家公告目录。

平台建设层面,在河南省服务机构的能力和质量持续增强的情况下,为了更好地发

挥企业自身、行业协会、科研院所、金融机构等组织的主体作用，河南依托中信重工、安钢集团、中机六院等16家发起单位，于2018年11月1日成立了河南省绿色制造联盟。通过联盟平台，联合石化、建材、有色等专业协会，为行业绿色转型发展建言献策，充分发挥行业协会的桥梁纽带作用。同时，河南省绿色制造联盟还通过整合科研院所的专家教授，组成不同专业、不同层次的专家梯队，深入企业，组织开展绿色制造、绿色诊断、绿色设计、绿色金融等服务。

截至2020年底，按照“企业自愿、地市推荐、平台服务”原则，河南省共征集了67家企业进入首批自愿性清洁生产审核名单，邀请了13家省内外第三方服务机构，为河南企业提供自愿性清洁生产审核服务，为企业绿色转型提供智力支持。

绿色工厂:经济效益与社会效益

生态文明建设关系我国经济的高质量发展和现代化建设。绿色循环低碳发展,是当今时代科技革命和产业变革的方向,是最有前途的发展领域。

按工信部定义,绿色工厂是实现用地集约化、原料无害化、生产洁净化、废物资源化、能源低碳化的工厂,是制造业的生产单元,是绿色制造的实施主体,属于绿色制造体系的核心支撑单元。

创建绿色工厂,对降低能源消耗、加强环境保护、促进产业循环发展、推动生态文明建设具有重要意义,可以实现经济效益与社会效益的双赢。

目前,河南绿色工厂当中的一些企业,通过绿色化、智能化改造,产品性能显著提高,产品质量明显改善,耗电量、耗水量大幅降低;企业废弃物排放大幅降低,不仅节约了大量资源,也降低了生产成本。在一些绿色产业园区,已经形成了生产、销售、回收、拆解、再生产的循环经济体系。

一、经济效益

近年来,河南省积极把握制造业发展趋势,依靠人工智能、大数据、物联网、云计算等新一代信息技术,加速向智能制造、绿色制造、高端制造方向转型升级,推动经济持续发展、生态持续改善,积极推进工业企业绿色化、智能化改造,有力推动了河南工业的高质量发展。

截至目前,河南共有 115 家国家级绿色工厂,94 家省级绿色工厂。从本次走访的 39 家绿色工厂来看,企业通过实施绿色化改造,在节能节水、清洁生产、污染防治、资源综合利用等方面取得了显著的成效,为企业带来了实实在在的经济效益。

以安阳钢铁集团有限公司(以下简称安钢)为例,由于钢铁冶炼本身会产生大量的废气、废水和废渣等,钢铁企业一直都被认为是环境污染大户。此前,随着京津冀大气污染治理加速推进,邻近河北省的安钢也面临一到冬天就限产的情形,经营收入随之减少,但企业的负担却并未减轻,甚至关系到了安钢的永续发展问题。

2014 年,安钢开始实施环保治理,主体生产工序按照当时国家环保要求,全部实现稳定达标排放。2016 年,安钢更是将环保治理放在了生存保卫战的重要位置,不断加大投入,纵深推进绿色工厂建设。

随着绿色工厂建设持续推进,安钢也尝到了绿色发展带来的甜头。2017 年、2018 年、2019 年,安钢环保建设逐步完成,煤炭、水、电等各项能源消耗指标大幅下降,极大地降低了生产成本,改善了公司业绩。

位于三门峡市的戴卡轮毂制造有限公司总投资3 000余万元,安装了袋式除尘器、余热回收除尘系统、废气热力焚烧系统、“水帘+水旋”组合式喷漆系统、污水综合处理系统等。同时,还安装了废气和废水在线监测设备,并与政府环保主管部门的监控中心联网,确保对各类污染物排放实施有效监控。

在硬件、软件的保障之下,公司的绿色发展工作成效非常明显,用水、用电、用气等各项指标明显下降。

例如,用闭式冷却塔代替开式冷却塔,大量减少了水量蒸发,与老厂相比,冷却塔年补水量下降60%;对纯水设备排放的浓水进行回收,用于车间卫生间冲便池及污水处理站配药,全年减少自来水约2万吨;氦气密机代替水气密机,既提高工作效率,减少用工数量,同时每年可减少自来水用量3.8万吨;对制冷系统改造后,节省冬季用电量约48万度,产生经济效益28.8万元;还对热处理淬火槽余热进行回收利用,用于职工浴池,实现能源二次利用。

在政府层面,通过政策引导,鼓励企业通过创新、完善产业链条来实现竞争力提升。同时,通过综合管理水平的持续改进,企业的形象大幅提升、企业自身竞争力也显著增强,为企业下一步发展打下坚实的基础。

二、社会效益

发展绿色制造,不仅使企业经济效益大幅提升,同时也带动社会效益实现倍增。发展绿色工厂符合国家所倡导的科学发展观,符合构建社会和谐、生态和谐、经济和谐的本质要求。

最近几年,河南省大力推动工业节能、节水与清洁生产,围绕高耗能、高耗水行业推动能效、水效“领跑者”活动,涌现出一批典型企业。它们通过对标达标、绿色改造助力绿色工厂创建,成为河南省绿色发展典范。

河南通过绿色工厂的具体实践与典型案例,带动了大批企业实施绿色化改造。主要体现在两个方面:一方面认识的提升,企业从一开始对绿色工厂不了解、不熟悉,到现在对绿色工厂内涵有了新的认识;另一方面由被动变主动,从过去政府要求企业创建绿色工厂,变为企业主动争创绿色工厂。反映在数据上就是,河南省经认定的国家级绿色工厂从第一批2家、第二批8家到第三批28家,增速十分明显。

从申报数量上看,第一批仅有5家,到第四批已经达到了146家,机械、电子、水泥等重点行业创建的积极性高涨。

在国家级、省级绿色制造体系的发展带动下,河南部分地市已经开始着手评选市级绿色工厂。河南已经形成“发展一批、培育一批、创建一批”的国家级、省级、市级绿色制造培育体系。

同时,在国家级、省级绿色制造体系的发展的指引下,地方政府充分认识到,通过绿色工厂等绿色体系建设,可以降低能源消耗、加强环境保护、促进产业循环发展、推动生态文明建设。

例如,位于驻马店汝南县的河南伊克斯达再生资源有限公司,是一家废旧橡胶(轮胎)回收、拆解、再利用的绿色生态循环利用公司。该公司采用自主研发的废旧轮胎橡胶绿色生态循环利用装备及技术，不仅实现废旧轮胎资源的综合利用，还解决了固废资源带来的环境污染问题，使废旧轮胎实现由“黑色污染”向“黑色黄金”的转变，具有显著的社会和生态效益。下一步，该企业计划通过全球布局建设废旧橡胶循环利用工厂，推动固体废物资源化利用和无害化处理，进一步助力国家“无废城市”建设。

位于焦作市的河南强耐新材股份有限公司（以下简称强耐新材），主要从事墙材、砂浆、地坪及装配式建筑四大系列绿色建材产品研发及其生产、销售，是一家立足于固体废弃物资源综合利用、节能环保的绿色建材企业。

强耐新材生产的新型建材，可以消耗大量固体废弃物。包括来自火电厂的炉渣、脱硫石膏、粉煤灰，来自城市老旧小区改造、道路改造的建筑垃圾等。

此外，位于新密市的河南康宁特科技股份有限公司（以下简称康宁特），是一家治理空气污染的高科技企业，主要致力于为电力、钢铁、水泥、有色、玻璃、碳素等行业的除尘、脱硝、脱硫、脱汞、脱碳等提供一系列的大气污染治理方案。截至目前，康宁特已成功为国内五大电厂、知名水泥企业提供了治理方案，成效显著。下一步，企业将进入垃圾填埋发电、土壤治理等领域。

从以上案例可以看出，绿色发展、循环发展和低碳发展是相辅相成、相互促进的，是一个有机发展整体。绿色是发展的全面要求和转型主线，循环是提高资源效率的途径，低碳是能源战略调整的方向。推动全社会形成节约资源能源和保护生态环境的产业结构、生产方式和消费模式，可以有效地促进社会生态文明建设。

河南省制造业水平总体上处于产业链中低端位置，要建设制造业强省，就要加快制造业绿色发展，大力发展绿色生产力，并形成较强的绿色竞争力。

在全球制造业新发展趋势下，河南制造业要加速形成节约资源、保护环境的产业结构、生产方式，建立投入低、消耗少、污染轻、产出高、效益好的资源节约型、环境友好型工业体系，这既是工业强省的基本特征，也是工业强省的本质要求。只有制造业实现了绿色发展，才能既为社会创造“金山银山”的物质财富，又保持自然环境的“青山绿水”，实现成为制造强省的目标。

下卷

河南绿色工厂典型案例

39 家企业“创绿记”

仕佳光子：鹤壁的庄稼地里咋长出光芯片“隐形冠军”？

大河报·大河财立方记者　裴熔熔

10 年之前，想在室内光缆行业寻求转型的葛海泉雄心勃勃，在鹤壁淇滨区的一片庄稼地上设立了仕佳光子，下定决心要将光电子芯片核心技术掌握在自己手中。

10 年之后，仕佳光子已飞速成长为光电子芯片领域“隐形冠军”，成功在上海证券交易所科创板鸣锣上市，因煤而兴的豫北鹤壁首次因科创因子“触电”资本市场。

在这其中，科技化、智能化、绿色化，成为支撑仕佳光子发展的底色与基因，并由此收获了河南省科技进步一等奖、国家科技进步二等奖、国家地方联合工程实验室、国家级绿色工厂等诸多奖项。

9 月 9 日，2020（第十六届）大河财富中国论坛特别行动——绿色工厂产融对接直通车走进仕佳光子，探秘其背后的绿色智能密码。

“绿色工厂”大幅缩短研发创新周期

进入鹤壁开发区，一股清新感便扑面而来：空气洁净，绿树成荫，葱郁盎然，让人很难想象这里曾是一座灰蒙蒙的煤城；道路两旁比邻坐落的工厂大气整齐，忙碌的工人昭示着生产的生机。

不一会儿，一个一眼望过去看不到边界、极具工业 4.0 现代化气息的工厂便映入眼帘，同行的鹤壁市工信局负责人抬手画了个圈，“这里在 10 年前都是啥都没有的庄稼地”，这就是仕佳光电子产业园。

“PECVD 晶圆材料智能生长、电子束光栅智能刻蚀、高端智能电镜扫描、全自动智能芯片测试、智能芯片性能分选……”一个宽阔的参观通道隔出了两个天地，芯片晶圆的制作、沉积、蚀刻、离子注入、测试、封装均在百级或千级的超洁净车间内完成。讲解者口中一个个专业的术语，向记者一行打开了一个隐秘的智能化、绿色化光电子芯片世界。

据仕佳光子集团办公室负责人吴卫锋介绍，自成立以来，仕佳光子就致力于全方位的绿色、高端智能化的建设和改造，在 2018 年成功入选工信部第三批国家级绿色工厂制造企业名单，是鹤壁市首家。如今，“绿色工厂”的理念已运用到生产工序的方方面面，带动产品生产质效大幅提升。

“通过运用绿色工厂智能数据中心采集、汇总、分析生产过程中的数据，我们不断进行设备智能化改造、优化工艺步骤，芯片的生产周期相比原来大幅缩短。原来一个人只能操作一台设备，现在可以同时监控多台，生产效率大幅提高，总体生产成本也得到有效管控。”吴卫锋告诉记者，通过智能化改造升级，还调整、优化了芯片工艺中众多工序流程的参数，大大降低了人工干预，大幅缩短研发创新周期。

除此之外，绿色工厂智能化制造在生产工序上的全面实施，也大大提升了仕佳光子在芯片性能检测分选、插损监测、品质控制等方面的能力，使得芯片良品率大幅提高，进一步提高了公司在国际市场上的核心竞争力。

“通过绿色工厂智能化建设和改造，我们的产品性能甚至领先欧美企业，达到了世界级领先水平，研发水准和周期赶超国际一流。”吴卫锋说。

从行业跟跑、并跑，到争取领跑

从跟跑，到并跑，再到争取领跑，仕佳光子实际上用了整整十年。

仕佳光子的前身郑州仕佳通信是国内较早涉足室内光纤光缆的企业之一，最初想从事 PLC 芯片的封装业务，但核心技术掌握在日韩企业手中，行业竞争激烈，利润微薄。仕佳光子董事长葛海泉看在眼里，急在心头，为此，他奔波于全国各地，寻求技术合作，决心要在 PLC 芯片领域开创一片新天地。

彼时，作为我国研究光芯片的殿堂级院所的中科院半导体研究所，正在寻找技术转化的平台，被葛海泉的执着打动，两者一拍即合，瞄向光通信行业的高端领域——光电子芯片，开启了院企研发合作。

仕佳光子副总经理吴远大告诉大河报 · 大河财立方记者，光电子芯片不同于其他技术，一款芯片的研发通常需要 3~5 年时间，投入市场之前还需要经过上万个小时的测试，前期的时间和研发成本投入非常大。这对于一般企业尤其是民营企业来讲，除了要承担高昂的研发投入，还要做好技术早已更新迭代的风险准备。

与此同时，国外很多光电子芯片已经做得非常成熟，现有的技术差距架起了天然的市场壁垒。如何撬动原有市场也是新入者必然要遇到的“拦路虎”。但是依托中科院半导体研究所雄厚的研发技术与团队，仕佳光子的“突围”并没有耗时太久。

在双方合作的第二年，仕佳光子即正式对外发布 PLC 光分路器芯片，成为中国第一家，也是当时国内唯一一家能够量产该芯片的企业，并将掌握这一核心技术的时间由日韩企业的三年大幅缩短为半年，成功打破该市场被国外厂商长期垄断的局面。

在 PLC 分路器芯片取得初步效益的同时，仕佳光子便马不停蹄地开始布局研发 AWG 芯片和 DFB 激光器芯片，与国外相关芯片的技术差距由最初的 20 年逐渐缩短为同期，乃至领先。

如今的仕佳光子已成长为全球 PLC 分路器芯片行业龙头，市场占有率第一。与此同时，数据中心 AWG 器件已通过英特尔、索尔思等知名客户产品导入并实现批量稳定供货，DFB 激光器芯片实现全工艺流程自主技术开发，并牵头制定了多项行业标准，成为光通信行业内少数具备集成电路设计企业资质的企业。

漫步在仕佳光子特设展厅内，记者见到了神秘的光电子芯片：约 15 厘米直径的圆形晶盘上，数百个芯片整齐密布，肉眼仅仅能辨别轮廓，实际直径比头发丝还细；弧形的 AWG 芯片，细细小小一个，产品技术和性能却能比肩国际；还有适用于高速数据中心的特有芯片，存储在一个长宽两寸的方形盒子中，窄窄一方天地，数万个芯片纳入其中。

豫北煤城缘何引来光芯片领域“金凤凰”

“很多人会问，这个企业为啥会在鹤壁？”这是吴远大曾向大河报 · 大河财立方记者抛出的一个话题，也正是众人心中的疑问。

鹤壁依煤而建、因煤而兴，曾是一座典型的“煤城”。在人们印象里，这座资源型城市灰蒙蒙、黑乎乎，与光电子芯片这种高科技产品似乎并不太沾边。

中科院半导体所研究团队因何而来、仕佳光子为何在此扎根？彼时，吴远大给出的答案之一，就是鹤壁市政府的大力支持和良好的营商环境。

“最明显的例子就是鹤壁市在全省率先推出了企业服务管家机制，每个副县级以上领导分包一家企业，小到员工子女入学，大到企业上市，为企业提供管家式服务，做到厂内的事企业做、厂外的事政府办。”吴远大告诉记者，鹤壁的柔性人才引进政策也为中科院半导体研究团队提供了很多的归属感与成就感，不仅让队伍非常稳定，而且数量还在不断扩大，为仕佳光子长期稳定提供技术支持，加快研发进程。

2015 年，中科院进行科技成果转化评选，中科院半导体所与仕佳光子的合作在众多参选对象中脱颖而出，获得了科技贡献一等奖，获评“院企合作典范”“科技成果转化典范”。也是在这一年，中科院决定加强与仕佳光子的合作，在鹤壁市政府支持下，各方共同设立中科院半导体所河南研究院，进一步进行光芯片研究成果的转移转化。目前，常驻仕佳光子的中科院专家顾问有 10 位之多。

除了政策和服务，金融方面的支持同样没有缺席。

据鹤壁市工信局产业政策科科长万钰昊介绍，仅在 8 月份，鹤壁市就开展了“2020 河南绿色经济银企对接”等活动，为仕佳光子等企业提供公益性宣传报道和资金支持；同时，制定了多个支持企业发展的惠企政策文件，并推动落实，用真金白银为企业减负，促进民营经济的健康发展。

郑州银行是“引金入鹤”的重要成果。郑州银行鹤壁分行副行长张磊在走访时表示，接下来将加强与仕佳光子的沟通对接，争取在适当的时机，为仕佳光子提供高效的金融服务与产品，促进企业良性发展。

6 月 10 日，鹤壁市政府公布数字经济发展路线图，明确提出要加强与中科院等院所合作，支持仕佳光子等在光电子领域实现技术突破，培育壮大光电子等核心领域产品规模，并在资本、金融、土地等要素上优先予以支持，着力打造有“芯”的中原光谷。

（摄影　朱　哲）

“专啃硬骨头”的黎明重工，产品如何远销全球

大河报·大河财立方记者　王磊彬　陈玉尧

走在黎明重工科技股份有限公司（以下简称黎明重工）干净整洁的办公大楼里，透过落地玻璃窗，外面绿树成荫，一点也看不出这是一家重型机械设备制造企业。

就在这座花园式的工厂内，每年产出近 9 万吨的重型机械设备，产品远销 170 多个国家和地区。

8 月 18 日，2020（第十六届）大河财富中国论坛特别行动——绿色工厂产融对接直通车来到位于郑州高新区的黎明重工，探寻这家破碎及制砂装备企业的绿色发展之路。

“专啃硬骨头”，黎明重工将绿色理念写入产品

黎明重工是一家从事高端矿山破碎、建筑破碎、工业制粉和绿色建材系列设备、生产线及整体解决方案的高新技术企业，连续3年营业收入复合增长率达30%以上，在破碎及制砂装备领域位居行业前列。

在黎明重工产业园区，记者看到了圆锥破碎机、移动破碎站等重型机械样品及模型。这些看似属于传统机械制造业的破碎粉磨机械，如何能够实现绿色制造？

黎明重工董事、科研创新发展中心总经理杨聪俐告诉记者，从设计源头上，黎明重工就将绿色理念带入到产品中，并从结构、工艺、工装等多方面进行考虑。

例如在产品轻量化设计方面，黎明重工将215悬辊磨改造升级为218型，主机重量显著减少，既节约加工件，又减少了加工工时、能耗等。又如生产的CI5X反击式破碎机，在产品中设计了大惯量转子，通过工装改进和定向化刀具设计，实现单台加工单位时间减少42.8%，大大提高了产品效率。

在参观中，记者看到了黎明重工的明星产品——VU砂石骨料优化系统。

据介绍，VU砂石骨料优化系统采用全封闭输送、生产、负压除尘集约式设计，高度集约的塔楼式全封闭布置结构紧凑，节约了场地和传送设备。同时，整个生产过程无污水、无淤泥、无粉尘，基本实现零排放，既环保又节能。

“这套设备采用了碓磨整形、干法筛分等多种绿色技术。”杨聪俐称，“通过提高混凝土强度，减少水泥使用量，提高设备运转效率等，达到节能目的。”

据透露，黎明重工每种产品用到的专利均在10个以上。

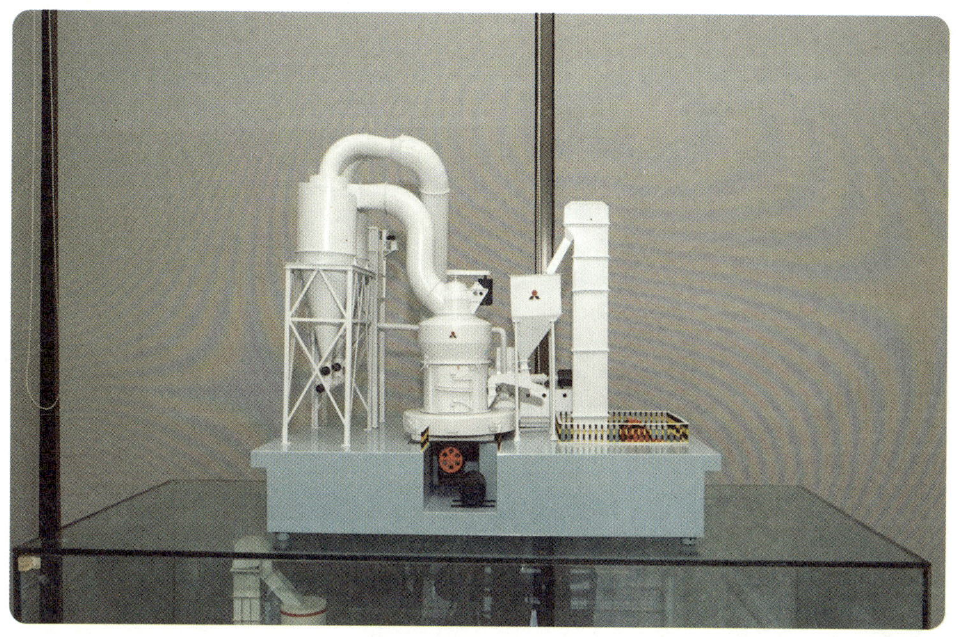

投入 2 000 万元绿色化改造，电能消耗降低 20%

绿色工厂不仅注重生产节能降耗的绿色产品，更重要的是绿色工艺和技术，这样才能让生产过程实现原料无害化、生产洁净化、废物资源化、能源低碳化等。

记者了解到，黎明重工的车间工作内容以加工和装配为主，影响环境的主要是喷漆环节，为了响应国家号召，减少无组织排放，黎明重工投资上千万元设备对喷漆房进行全面改造升级。同时将原来的油性油漆改为水性油漆，大大减少了有害物质的产生。

环保之外，节约能源是绿色工厂的重要标准。

黎明重工生产过程中的能源消耗主要为电力、水、天然气。据介绍，黎明重工目前已投入近 2 000 万元对工厂进行改造。改造前，2018 年黎明重工生产设备 6.3 万吨，耗电 559 万千瓦时，单位耗电 88.67 千瓦时/吨。通过改造，2019 年黎明重工生产设备 8.7 万吨，耗电 615 万千瓦时，单位耗电 70.72 千瓦时/吨。

与此前相比，黎明重工生产车间在产值增加 38%的情况下，耗电只增加 10%，单位耗电降低达 20%，提高了能源使用效率，同时也降低了生产成本，增强了产品的竞争力。

在采购过程中，黎明重工首选无害化、可降解、可再生、可循环使用的原材料。对于生产过程中机床泄漏液压油和切削液的情况，黎明重工通过专用接油盒和接液盒，二次回收再利用，生产中的废铁屑及边角料也全部回收利用。

绿色化改造离不开技术创新。黎明重工每年将销售额的 4%左右作为研发经费，拥有博士后科研工作站、河南省节能环保破磨装备工程技术研究中心等研发平台。

此外，黎明重工在管理层面将原成本中心升级为利润中心，并引入相关绩效考核，引导原料、能源等资源节约，将利润最大化。

75%的订单来自线上，产品销往全球170多个国家和地区

打造产品之余，市场推广同样重要。

在黎明重工办公大楼，挂着100多面各国国旗。杨聪俐告诉记者，每一面国旗都代表着这个国家与公司有过业务合作。黎明重工依托电商优势，将产品销往全国，并远销全球170多个国家和地区。

早在2002年，黎明重工率先提出用工业互联网思维打造装备制造业“买全球卖全球”理念。经过近20年的探索与实践，黎明重工已建立上千个网站，覆盖英语、俄语等多个语种。

据介绍，目前，黎明重工75%的订单源于线上。“在线服务既减少了公司服务半径的局限，降低了交易成本，又提高了服务效率，为精准营销提供了有力支撑。”杨聪俐说。

针对海量询盘信息，黎明重工通过“漏斗式”管理，提高了信息转化率，使单条信息成本下降30%，不仅降低了营销成本，还实现了精准营销。

值得注意的是，黎明重工还依托成熟的电商经验孵化出“世界工厂网”，为更多的工业企业进行互联网营销和品牌推广分享经验。河南上市公司明泰铝业、汉威科技等均是其合作伙伴。

为此，世界工厂网被商务部授予“国家电子商务示范基地”称号，黎明重工电商营销模式也被河南省工信厅评为“河南省质量标杆”。

多个工业园产能将释放，交钥匙工程是未来发展方向

随着国家“一带一路”倡议的实施和国家城镇化建设的推进，黎明重工的发展迎来了机遇。

据介绍，黎明重工目前拥有五大生产基地，其中位于河南省修武县的千亩工业园已部分建好，二期已开始建设。届时，这些产能一旦得到释放，将带来营收的大幅增长。

但杨聪俐也表示，当前竞争对手能力不断加强，人工成本越来越高、产能越来越不能满足生产需求，与国际巨头相比，产品可靠性仍需提升。为此，公司需要不断创新，积极应对各种挑战，以满足发展需求。

对于未来的发展，黎明重工将在产品布局上追求在全球范围内拥有最全的矿山破碎、建筑破碎、工业磨粉、绿色建材系列设备，争取实现用一个订单，在矿山破碎粉磨领域全面满足客户需求。同时，还要从提供单机产品发展为提供生产线到提供交钥匙工程。届时，设备经安装、试车及初步操作顺利运转后，工厂或项目所有权和管理权的“钥匙”依合同完整地交给客户，客户将可以直接投入使用。

“下一步，我们将绿色生态产品和绿色供应链管理贯穿于全生命周期，坚持‘绿色价值观’，加强绿色采购、绿色生产、绿色销售，完善绿色供应链体系建设。在注重自身节能减排和环境保护的同时，积极带动上下游企业持续提高资源能源利用效率，引领行业绿色发展。”杨聪俐表示。

（摄影　马腾飞）

靠一台“淘”来的废机器，明泰铝业成为河南民企铝加工第一股

大河报·大河财立方记者　唐朝金

1997年，依靠着一台从洛阳“淘”来的废弃轧铜机，明泰铝业正式在铝加工赛道鸣枪起跑。

20多年来，凭借着立足主业、稳健发展的战略，明泰铝业从中国百强乡镇——巩义市回郭镇出发，一路披荆斩棘，走出中国、走向世界。

铝加工行业“破圈”，突围的绿色工厂

立秋后的巩义仍被高温笼罩。横穿巩义回郭镇的310国道上，疾驰而过的载重卡车在秋蝉的鸣叫声中呼啸而过。坐落于310国道边的河南明泰铝业股份有限公司（以下简称明泰铝业）厂区干净整洁，路边绿树成荫。

“从建厂之初，整个厂区的建设规划把绿化面积都做了提前规划。不仅在行政办公区域考虑了大面积的绿化，而且在生产区域也规划出绿化用地，保证厂区里绿植成片。”明泰铝业办公室主任李志阳表示。

据李志阳介绍，明泰铝业用地面积共36.88万平方米，绿地面积达2.3万平方米，综合绿化率6.24%。高比例的绿化为职工创造了一个舒适健康的生产环境。

走进明泰铝业子公司明泰科技的厂区，一排排铝锭码放整齐，耳边响起的只有机器的轰鸣声和穿堂而过的风声。

“作为铝加工企业，公司在升级改造中采用节能效果好的建筑结构和构件；加强各车间的暖季自然通风散热能力和寒季隔热保暖能力，并根据生产特点和环境保护要求兼顾美化厂容进行布置。”李志阳表示。

在明泰铝业的铝箔车间，每天 300 吨铝箔成品就意味着在铝箔的轧制过程中需要消耗掉近 4 吨的铝箔轧制油。然而，在偌大的厂区，并没有看到任何油雾，也没有闻到一丝的油味。

对此，李志阳表示，为了绿色环保，明泰铝业的每台铝箔轧机四周不仅有围帘、上方还有抽油烟设备，除了铝箔产品上必需的滞油外，其他的油气全部被收集起来，进入配套建设的全油回收系统，进行循环利用。

“2017 年以来，公司在政府部门的支持和监督下，累计投入近 7 000 万元配套研发建设全油回收系统、对全自动除尘系统进行了优化和改造。通过技术改进，现在铝箔轧制过程中排放出来的油已经非常少了，在 10 毫克之内，大大低于国家标准，整体循环下来，一天能够节约两吨油。”李志阳表示。

同时，据李志阳介绍，明泰铝业在产品设计上抓住铝循环的生态圈规律，构建起了技术研发体系、“产销研用”一体化的技术研发机制，形成了以交通用铝板、电子铝箔等铝合金轧制为代表的一大批具有自主知识产权的先进产品和生产技术。

“近十年来，明泰铝业已开发出 30 多个新产品。并与下游企业建立起回用机制，减少电解铝的使用，减少行业能耗和排放，成为整个行业的先行者。”李志阳说。

此外，针对排放污染这个行业痛点，明泰铝业在熔炼、轧制以及污水治理方面都进行了大刀阔斧的改造。近几年累计投资3亿元，加装高效除尘、脱硫、脱硝和全油回收装置，减少了物资消耗，实现了排放减量资源利用的绿色循环。

深耕主业、专注技术升级，回郭镇实现河南民营铝加工第一股

事实上，明泰铝业的历史要追溯到1997年。

当年，头顶着“国内第一家涉足铝加工民营企业”名号的明泰铝业，凭借从洛阳铜加工厂“淘来”的一台已废弃的进口轧铜机，依靠天津电气传动设计研究所专家的“妙手回春”，让这台1950年的机械有了现代化的生产水平。

借此，明泰铝业的冷轧生产线完成建设工作，同时，明泰铝业的逆袭之路正式开拔。此后，明泰铝业就一直延续着装备自行研发制造，以低成本非常规的模式经营，先后建成铝箔轧机生产线等。

2003年，由明泰铝业自主研发、处于国际领先地位的“1+4”热轧生产线正式投产。“这台生产线总投资约3个亿，顺利地轧出了7毫米厚的带坯，带材通过量超1500吨，其中部分带坯的厚度为4毫米。”李志阳说。

随着新生产线的投产使用，明泰铝业的发展正式进入快车道。

2005年，明泰铝业又与韩国合资，在郑州市高新区成立控股子公司郑州明泰实业。目前，这家中外合资企业年加工铝材产量为27万吨，年产值近56亿元。

2011年，明泰铝业正式登陆资本市场，借助资本市场的直接融资功能，其发展再次提速。

2014年6月，明泰铝业与中国南车集团等合资成立了郑州南车轨道交通装备有限公司，并于当年7月实施了郑州南车轨道交通装备造修基地项目，其产品目前已成功用于郑州地铁五号线等车体。

2015 年 7 月，明泰铝业“1+1”热轧生产线顺利投产。该生产线是明泰铝业年产 20 万吨高精度交通用铝板带项目的核心生产设备，主要产品为集装箱板、车厢箱体板、汽车板用热轧卷材、罐盖用热轧卷材、建筑用带材、铝合金厚板及中厚板等，可应用于交通运输、航空工业、船舶工业、建筑工程等制造领域。1+1 生产线与现有生产系统相辅相成，实现从普通大众铝材向交通铝材、航空航天等高附加值铝材产品的跨越。

随后，明泰铝业的触角不断扩张，在交通用铝领域接连实施了“年产 2 万吨交通用铝型材”“年产 12.5 万吨车用铝合金板”等新项目，在商用车用铝、轨道交通用铝、乘用车轻量化领域已完整布局，实现了公司原有产品结构的优化升级。

经过多年发展，明泰铝业已经成为河南省内首家上市的民营铝加工企业、中国最大的民营铝板带箔企业、中国铝板带箔三强企业、中国民营铝板带箔第一品牌、中国有色金属 20 强、全球铝板带箔企业排名前十五、铝板带材连续多年国内出口量第一。

发力高端领域，紧跟新基建、拓展小语种市场

回溯明泰铝业的发展历程，除了立足主业，注重转型升级等方面外，坚持做行业内的高端是其发展的重要路径。

“河南作为电解铝大省，当其他铝企都在生产原料时，我们把目光瞄准铝的中间材料，将铝加工做大做强。在目前铝加工行业产能过剩的情况下，我们又把企业发展的方向调整到 5G、医疗和航空领域。可以说明泰铝业发力高端，除了蹚路的过程比较艰难，一旦取得成果，就会打开一片蓝海。”李志阳说。

“新基建高端领域是公司未来的一个发展方向，公司近年来一直致力于转型升级，重点布局如交通运输用铝、新能源锂电池用铝、航空航天及军工等高端用铝领域。”李志阳说。

据李志阳介绍，明泰铝业先后投资建设了多个高附加值项目，持续扩大公司高附加值产品占比。同时，加大研发投入，加强5G滤波器盖板、轨道车体、高强度车用铝合金、花纹板、充电桩、新能源汽车用铝、汽车电池壳用铝、航空用铝等方面的研究。

明泰铝业中报显示，公司2020年上半年实现营业收入71.53亿元，同比增长3.91%；归母净利润为3.51亿元，同比增长6.49%；扣非后的归母净利润为3.04亿元，同比增长2.54%。

同时，根据明泰铝业2019年年报数据显示，报告期内，其海外市场实现营收35.82亿元，占其总营收的25%。

面对当前国际新形势，明泰铝业也在积极调整海外布局。

“目前我们正积极开拓小语种国家市场。虽然同欧美等国家相比，这些国家多属于欠发达地区，但其对高端铝加工产品的需求同样旺盛。因此，我们正积极进军这些国际市场，通过‘农村包围城市’的方式，继续开拓我们的海外市场。”李志阳说。

对于下一步明泰铝业的发展战略，李志阳表示，公司将坚持稳健发展的思想，专注于铝加工行业，围绕既定的战略布局和发展方向，紧抓发展机遇，瞄准前沿领域，继续扩展和丰富高附加值产品，优化产品结构，以促进公司业绩稳步提升，将公司向高端装备制造企业转型推向更深层次。

（摄影　朱　哲）

案例4 金凤股份：年收入超3亿，鸡笼里飞出“金凤凰”

大河报·大河财立方记者　徐　兵

从驻马店高铁站向北行驶，1小时左右就抵达西平县产业集聚区。10年前，或许谁也没有料到，这片“郊区荒野”能成为享誉中原、叫响全国的产业区标杆。更让人未预料到的是，在产业区里，一家30多年致力于畜禽养殖设备的企业，正在与全球30多个国家建立密切联系。

它就是河南金凤牧业设备股份有限公司（以下简称金凤股份）。2015年8月，金凤股份正式登陆新三板，成为资本市场为数不多的畜禽养殖设备企业。经过长年深耕，金凤股份凭借设计制造一体化的行业优势，先后获得了“国家级绿色示范工厂”“国家高新技术企业”“省级农业产业化龙头企业”等诸多荣誉。

随着设备信息化、自动化需求的增多，金凤股份亦正在谋求转变。金凤股份总经理周帅在接受大河报·大河财立方记者采访时表示，目前，公司已开始搭建行业互联网平台，通过收集信息数据，整合上下游企业资源，以实现行业更高效运转。另外，为进一步做大做强，金凤股份已筹备在主板上市，目前进入了辅导上市的第二个会计年度。

坚定绿色化生产方向

"我们是给鸡建房子的。"记者一行来到位于驻马店西平县集聚区的金凤股份厂区时，周帅以通俗的语言阐释了公司主业。

不过，在周帅看来，要想为鸡建好房子并非一件易事。它不仅需要大量的资金、技术、设计的投入，还需要"绿色生产"。

走进金凤股份参观大厅，一张张技术专利、荣誉证书映入眼帘，可以看出其背后的付出和坚持。据了解，金凤股份拥有 1 个国家级创新平台和 3 个省级创新平台，各项专利达 78 项。同时，金凤股份还配备了国际先进的智能化设备，建有行业领先的检验检测实验室。

据介绍，早在 2013 年，金凤股份与西班牙金耐尔正式开展全球战略合作，建立了金耐尔畜牧设备研发技术中心。2014 年，金凤股份投资建设国际畜牧机械产业园，先后与多家国际知名企业在家禽饲养设备、养猪设备、粪污处理设备等领域达成技术合作，实现欧洲养殖设备的本土化生产，亦帮助中国农场主在国内采购到国际先进设备。

2015 年 8 月，金凤股份正式登陆新三板，成为中国畜禽养殖设备行业首家进入资本市场的企业。同时，经过多年努力，金凤股份将欧洲先进的养殖理念和新兴科技注入企业研发设备中，市场拓展至全球 30 多个国家。

随着技术持续升级，其市场也延伸至全球范围。同时，金凤股份的“绿色化”程度亦越来越高。周帅告诉记者：“镀锌是公司生产畜禽设备过程中一个重要环节，不可避免地会产生能耗和污染。但随着2015年国家提出绿色工厂理念，我们开始进一步绿色化改革。目前，金凤股份已拥有完善的污水及废弃物处理系统。”

在对镀锌废水和废气处理方面，近年来，金凤股份先后投资1.2亿元用于节能减排技术升级。其中，在废弃物处理上，金凤股份通过建立水循环系统，从源头上降低污水率，目前最高峰的污水排放量也只有过去的五分之一。“同时我们将把所有排污管道可视化，杜绝传输过程中出现渗漏。”

事实上，在“绿色化”过程中，金凤股份也收获不少惊喜。周帅说，经过技术升级后，目前厂区生产面积从原有的15万平方米降至8万平方米，剩下的厂房，他们出租给了上下游的配套企业，有些还是行业龙头企业。另外，原来需要30多人的生产线，现在只要13人，就能达到之前3倍以上的产能，生产效率大大提升。

此外，金凤股份还与西平县晶能光伏电力有限公司合作，利用厂房屋顶设计出8万平方米光伏电站，所发电能全部接入驻马店公共电网，使能源得到了有效利用。

年收入超3亿，将继续坚守主业

在畜牧设备制造领域，金凤股份可谓行业佼佼者。

周帅说，像金凤股份这样的企业，与下游行业有着紧密的联系。中国养殖市场，尤其养鸡行业，没有绝对的龙头企业，排在前十的企业加在一起，市场占有率不超20%。由于养鸡行业集中度不高，也导致畜禽设备企业市占率都不高，“我们处于行业第一梯队，市占率不超5%”。

收入方面，周帅对记者直言：“2019年金凤股份大概收入3亿多。2020年上半年虽然受到疫情影响，但业务仍保持一定增长，收入也有1.6元亿左右，主要因去年养殖行业处于爆发期，我们积累了不少订单。”

实际上，金凤股份之所以取得不错的成绩，与其多年的专注不无关系。在创业初期，金凤股份也曾尝试过养鸡、饲料生意，后来选择在畜牧养殖设备领域深耕。“相比畜禽设备来讲，养殖业投入的精力是比较大的。”周帅解释说。

近年来，养殖业的周期红利也并未改变金凤股份的初心。周帅说：“在这个行业待得久了，大概就能预测下一个周期行情开始与结束的时间，所以我们还会继续坚持主业。但是，我们会根据行业周期情况，去调整固定资产的投入以及控制回款、应收账款，包括做出提前规划，降低负债率等，以应对行业风险。”

据了解，中国目前有15亿只蛋鸡，其中产蛋的约有12亿只，而养殖场仅有30多万个，人均饲养量相对较低，仍存在较大的市场空间。这也意味着，市场对专业畜禽设备需求也将进一步增大。

金凤股份一直拥有着稳定的客户群体。周帅说，虽然国外也有一部分业务，但公司主要市场仍在国内，客户群体以中小畜禽企业为主，占到60%左右，其中也包括正大等知名企业。除河南之外，公司业务也覆盖了福建、广东、内蒙古以及东北等一些地区。

此外，为进一步提升人才队伍实力，金凤股份一直坚持将读书文化和军训文化融入公司文化，通过提升工作生活环境，使管理团队更加年轻化、国际化。与此同时，金凤股份与郑州大学、黄淮学院、南阳理工学院、河南机电职业学院等多个院校签订了产学研合作协议，共同培训企业科技创新人才，并联合进行科技攻关与新产品研发。

智能设备提高养殖效率，公司已进入 IPO 辅导期

在传统畜禽养殖中，怎么养，靠的是经验和感觉。如今，智能养殖利用大数据、云计算、传感器等技术将模糊的经验变成精确控制，使得养殖越来越像工厂化的生产。

就金凤股份的层叠式蛋鸡设备而言，除了通过合理的设计保证鸡笼内通风、方便清洁外，还配有声音或者光线的报警装置，可实现对供水系统的监督和控制。

周帅告诉记者："我们针对不同的工程，为客户提供个性化的研究和服务。保证禽舍恒温且通风足够，并且通过一系列的电子化操作来实现对禽畜生产过程中各参数的管理和控制。客户需要做的就是告诉我们需要什么样的环境，我们通过输入参数值，自动化控制所有设备，并给客户提供 24 小时实时监控，显示每台风机、侧窗、天窗的状态。"

"通过智能化的管理，大大地降低了禽畜的死亡率，有效地提高产蛋量。"他补充道。

实际上，金凤股份在为客户提供服务的同时，亦正在新领域发力——供应链金融。

周帅认为，从技术上来说，养殖业本身属于农业，行业性质决定了本身科技水平不高，但随着近年信息化、自动化需求的增多，金凤股份也面临由单纯的加工制造向智能化、信息化转变的问题。因此，公司已开始搭建行业互联网平台，通过收集信息数据，整合上下游企业资源，以实现行业更高效地运转。

简单来讲，就是通过上游企业信息数据的收集，根据实际需求，提供第三方的供应链金融服务。周帅告诉记者："我们扮演服务商的角色，对客户来讲，这些信息大都处于半公开状态，通过我们的充分利用，有利于上游企业更好获得资金支撑。去年年底这一项目已经启动。"

对于接下来的资本计划，周帅向记者透露，目前创业板注册制已正式推出，公司自

2020 年就开始筹备，现在已进入辅导上市的第二会计年度。希望通过企业上市，实现新突破，进而做大做强。

（摄影　马腾飞）

案例 5　绿化面积超 70%，嵩基水泥要打造 3A 级景区

大河报·大河财立方记者　王磊彬　陈玉尧

七园两岛、绿化面积超 70%、产品绿色化制造、能耗大幅降低……这是记者在国家级绿色工厂登封市嵩基水泥有限公司（以下简称嵩基水泥）看到的场景，整个工厂像是一座绿色大花园。

十多年前，嵩基集团在原登封市第二水泥厂基础上，投资 7.5 亿元兴建一条日产 4 500 吨新型干法熟料水泥生产线，揭开了嵩基水泥发展的序幕。

十多年来，嵩基水泥凭借先进的技术、过硬的产品质量，一步步发展壮大，从名不见经传发展为今天的全国知名企业。如今，嵩基水泥又紧跟市场发展趋势，打造集建材、水泥、装配式建筑及新材料等为一体的建材产业园区，为客户提供一站式的服务。

8 月 13 日，2020（第十六届）大河财富中国论坛特别行动——绿色工厂产融对接直通车走进嵩基水泥，探寻支撑嵩基水泥快速成长的基因。

营建“七园两岛”，绿化面积超70%，嵩基水泥打造3A级景区

早上从郑州出发，大河报·大河财立方记者一行驱车沿着郑少高速向西南进发。一路上，伏羲山、嵩山在清晨的山雾中渐渐显出轮廓。

初日高升，山雾渐去，记者一行来到位于嵩山脚下的登封市嵩基水泥有限公司。

走进厂区，扑面而来的是一片生机盎然的绿色世界。在嵩基水泥总经理助理屈文凯的带领下，记者一行沿着工厂步道参观。

据介绍，嵩基水泥拥有一条日产4 500吨新型干法熟料水泥生产线，年产熟料150万吨，水泥300万吨，年产值8亿元。

在生产区，记者看到35米高的水泥储存库表面，绘制了巨幅的嵩山全景图，建筑与画卷共一色，理念与艺术齐飞，蔚为壮观。

据屈文凯介绍，嵩基水泥投资150余万元，对水泥库、生料配料库、收尘器等处进行立体美化彩绘。

牡丹、香樟、桂花、银杏等名贵植物覆盖厂区，郁郁葱葱。若不是耸立着高高的工厂设施，一点也看不出这是一个传统制造业的水泥工厂。

“‘少硬化，多绿化’是董事长提出的绿色发展理念。嵩基水泥在规划建设过程中，始终坚持‘不砍一棵树，为树绕行’的建设观。每年植树节，公司员工都会在工厂里种树，并对树木的成长挂牌负责，经过全体干部职工的持续努力，逐步形成了目前的绿化效果。”屈文凯介绍说。

行至当年抗日山寨遗址处，嵩基水泥在原址的基础上进行了修复翻新工程，只见荷叶浮沉，游鱼隐没，一片祥和，这或许也是对新时代“不忘初心，牢记使命”的新注解。“公司将全力发展工业游项目建设，努力打造“3A”级景区。为发展绿色产业，振兴地方经济做出新贡献。”屈文凯表示。

记者了解到，嵩基水泥厂区绿化累计投资 5 000 余万元，厂区绿化面积超过 70%以上，又建了包括山寨岛在内的百果园、百花园、银杏园、牡丹园、桃花岛等“七园两岛”景观项目。

低排、节能、循环利用，嵩基水泥荣获国家级绿色工厂荣誉

绿色工厂并不仅仅只有表面的绿色，作为国家绿色制造体系的核心支撑单元，绿色工厂更侧重于生产过程的绿色化。

水泥生产过程中要用到大量的煤，为防止煤燃烧后产生过多的氮氧化物污染环境，水泥企业应对煤进行脱硝处理。

在嵩基水泥，记者看到 SCR 脱硝深度治理系统，银色的管道穿插在各种设备间，通过选择性催化还原对生产中的废气进行脱硝处理。

据悉，嵩基水泥是全国水泥行业 SCR 脱硝深度治理示范工程首批两家企业之一，该系统投资总计 5 100 余万元。通过对废气的深度处理，目前嵩基水泥工厂排放颗粒物 7 毫克/立方米左右，二氧化硫 10 毫克/立方米左右，氮氧化物 35 毫克/立方米左右，达到超低排放要求。嵩基水泥也因此获得全国建材行业超低排放示范项目荣誉。

低排放的同时,嵩基水泥还通过多种手段提高能源利用效率。

屈文凯告诉记者,公司在设计之初就考虑设备先进性,优先选用节能节电设备。

其中,原料粉磨采用国内首台大型生料辊压机终粉磨系统,辊压机总装机容量比同规模立磨低25%,电耗低5度/吨左右,每年可节约用电1 100万度左右。

无氨脱硝窑头烧成系统和窑尾烧成系统技术改造后每年节约氨水用量5 000吨以上,每年节约煤耗4 000吨以上。

此外,嵩基水泥还注重发展循环经济。

在生产过程中,嵩基水泥把电厂、钢厂等排放的废弃物粉煤灰、脱硫石膏、电石渣、电炉渣等做辅料,变废为宝,每年的利用量在90万吨以上。

为解决生产用水问题,嵩基水泥在当地煤矿与公司之间铺设约5千米的引水管道,将煤矿的井下水引入公司生产使用,实现了资源的循环利用。

由于在环保、节能领域的突出表现,嵩基水泥先后获得"国家级绿色工厂""国家能效领跑者入围企业""全国建材行业先进集体""全国资源综合利用先进企业""国家级化验室"等荣誉。

建设建材产业园区,为客户提供一站式服务

据屈文凯介绍,嵩基水泥的产品,从原材料进厂到成品出厂,前后共设置了60多项检测环节,各生产环节都有预均化和均化设施,保证了生产全过程中不合格现象的清除、逐一控制、认真把关,使公司产品各项理化指标达到国家规定标准。

正是这一道道工序、一项项检测,让嵩基水泥的销路越来越广,在客户心中的认可度也越来越高。

据了解,嵩基水泥曾参与机场、地铁、高铁、奥林匹克运动中心等多项重点工程建设,

在郑州、许昌、漯河、周口、驻马店等地深受客户信赖。

国家统计局数据显示，2019 年全国水泥产量 23.3 亿吨，同比增长 6.1%，是近 5 年来增长最快的一年。伴随着水泥产量的快速增长，水泥企业的竞争也越来越激烈。

针对目前的水泥市场，屈文凯坦言，2020 年，受疫情、产业政策及市场变化影响，水泥行业都面临着巨大的挑战。但是，有挑战才会有发展机遇。对于公司未来的发展，屈文凯表示，嵩基水泥将始终坚持高质量发展理念，紧贴企业实际，走适合嵩基自己的可持续发展的经营道路。

在具体做法上，嵩基水泥坚持贯彻智能化、绿色化、低碳型、节能型的绿色发展理念，树立绿色价值观，搭建绿色生产产业链，从原材料采购到产品出厂，都围绕绿色生产做文章，深挖节能潜力，完善环保技术应用，优化产品性能，丰富产品结构。

目前，嵩基水泥正在投资建设一条年处理 10 万吨的水泥窑协同处置固体废弃物项目，横向协同发展，为行业发展贡献一分力量。

在厂区规划上，嵩基水泥坚持以工业游项目建设为主体，打造生态厂区，形成工业与环境和谐共处的发展新路线。

据悉，目前，嵩基水泥正在全力打造集建材、水泥、装配式建筑及新材料等为一体的建材产业园区，为客户提供一站式服务。

“公司坚持走节能减排、节能环保、低碳经济和可持续发展之路；从煤炭到电力，由电力产水泥，以水泥建地产，依地产做社区，诸多产品与服务组合，形成一条产业链。我们将在打造特色嵩基、科技嵩基、效益嵩基、和谐嵩基、百年嵩基的道路上披荆斩棘，一路前行。”屈文凯说。

（摄影　朱　哲）

案例6 贝利泰陶瓷：安阳一块小瓷砖，筑起“中国另类工厂”

大河报·大河财立方记者 裴熔熔

提到瓷砖生产，你会想到什么？是原料破碎时的漫天扬尘，原料球磨时的污水横流，还是脚下堆积的厚厚粉尘？

8月25日，2020（第十六届）大河财富中国论坛特别行动——绿色工厂产融对接直通车走进位于安阳内黄县的贝利泰陶瓷有限公司（以下简称安阳贝利泰），看到了令人意想不到的瓷砖生产场景。

作为一家出口型的高端瓷砖生产企业，安阳贝利泰目前拥有国内生产品类齐全、生产管理精益、生产装备智能、生产工艺绿色、生产方式柔性的先进示范性工厂，不同于一般的工厂生产方式，被其众多国际客户誉为“中国的另类工厂”。

9月11日，工信部公示第五批国家级绿色制造名单，安阳贝利泰在列，它也是为数不多上榜的建材企业。

不过，一块小小瓷砖，究竟“另类”在哪里？

投资超 5 000 万元打造绿色无尘工厂

“是不是比你们想象中的瓷砖工厂要整洁?”这是参观至半,安阳贝利泰副总经理韩复兴向记者一行提出的问题,答案显然是肯定的。

偌大的意大利萨克米亚洲工业 4.0 绿色智能示范工厂内,除了机器低低的嗡鸣声,没有其余杂音。1.5 千米长的生长线上,配料、球磨、压制、干燥、施釉、喷墨打印、烧成、抛光、包装均实现智能化、绿色化生产,不见废弃的边角废料,也没有散发的烟尘杂气,几乎可以算得上是一尘不染。

贝利泰的总部位于天津,2013 年 4 月落户安阳内黄,成立了安阳贝利泰。自设立以来,该公司就坚持环保先行、绿色生产,是内黄县首家使用天然气清洁能源的建材陶瓷企业。

记者在厂区内看到,除尘设备随处可见。所有可能产生粉尘的工序均设有微型点式除尘系统,实现集尘收尘环保设施全覆盖。此外,车间还安装了环境空气质量监测微型站,方便即时监测车间内空气质量(PM2.5、PM10、SO_2、NOX)、噪声、湿度、温度等影响环境舒适度的情况。

安阳贝利泰副总经理韩复兴告诉大河报·大河财立方记者,公司坚持绿色发展理念,近年来投资 5 000 余万元,对环保设施进行提标改造、深度治理,实现了废水净化处理及循环利用,废气主要污染物超低排放、无尘化生产车间和固体废弃物的综合资源利用。

例如,在窑炉、喷雾干燥塔上,安装了脱硫、脱硝、集尘系统治理设备,窑炉烟气处理后可持续实现超低排放,颗粒物、二氧化硫、氮氧化物排放浓度分别减少 40%、53%、16%;聘请专家会诊,制订了“一企一策”治理清单,保证原料运输、储存、装卸、破碎等生产环节实现全流程控制、收集与净化;同时,安装无组织排放视频监控系统、空气质量监测微型站等设备，实施绿色智能管理，全面完成“五到位、一封闭”的规范化整治标准，污染治理水平在全国同业位居前列。

去年11月，河南省生态环境厅公布17大行业绿色发展评价排行榜，在河南148家陶企中，安阳贝利泰以98.7的总分排在第一位。

经过安阳贝利泰处理后的工业废水池时，记者看到，一群鱼儿正在悠闲地游动，仿佛找到了河湖之外的另一个家。

柔性化生产提升产品竞争力

走过长长的生产线，进入瓷砖展厅，记者终于见到了一个“另类”的瓷砖世界。

一片片银杏叶形状的小瓷砖细密地拼在一起，拼装出一个梦幻的海洋世界；一块块乳白色、碧玉色的圆形小瓷砖嵌套在同色系的圆框之中，大环套小环，犹如少女佩戴的漂亮耳环；还有各式各样糖果配色的拼接小瓷砖，一眼望去就像儿时最爱吃的棉花糖……这就是安阳贝利泰的“拿手好戏”——个性化、柔性化生产工艺，是不是和你常见的瓷砖不太一样？

韩复兴告诉大河报·大河财立方记者，近年来，安阳贝利泰突破传统思维，专注定制化智能生产，把智能制造作为抢占高端市场的突破口，通过实施智能化改造，生产效率提高了33.6%，运营成本降低33.3%，产品升级周期缩短76.7%，产品不良品率降低62.5%，实现了大规模定制生产和多品种小批量个性化生产并行，企业盈利能力和市场竞争力明显提升。

例如，意大利萨克米亚洲工业 4.0 绿色智能示范工厂就引入了双层辊道窑，这一条生产线可同时生产两种不同规格、四种不同花式的产品，在国内瓷砖行业并不多见；先进的四色 3D 喷墨设备不仅能令图案具有更高的清晰度，而且可以做出立体、凹凸的效果，叠加的 4 个通道还能打造瓷砖的纹理、肌理，装饰功能大大提升。

不仅如此，安阳贝利泰还打造了线上电子商城，让个人消费者和经销商能自主 DIY。

“客户在家中拍摄一张想要的瓷砖样式，我们经过设计处理，最快两个小时就可以将产品拿出来。”韩复兴说，在贝利泰电子商城，消费者或经销商可以借助平台的瓷砖铺贴设计的 DIY 工具进行自主拼接设计，也可以进入设计师端，由来自加拿大、意大利、美国或国内顶尖的知名设计师进行产品设计，订单提交之后进入订单池，ERP（企业资源计划）、MES（制造执行）等系统将自动根据订单的原料、模具、运输等不同需求，形成排产计划，实现定制化生产。

据了解，目前安阳贝利泰六条生产线均已顺利投产，具备中板泛古砖、中板内墙砖、小规格陶质砖、小规格陶质马赛克及其配套产品的生产能力，年产能 2 000 万平方米。

危中寻机，加码国内市场

凭借绿色化、柔性化、智能化基因，安阳贝利泰这家主打国际高端市场的瓷砖企业一路成长，一度成为对美出口量最大的中国瓷砖企业，美国市场占比顶峰时高达 97%。但是 2019 年以来，受中美贸易摩擦影响，这种发展路径不得不转了个弯儿。

“其实从 2018 年开始，美国对中国瓷砖企业的关税就在慢慢增加，但当时还能承受。到了 2019 年，美国对我们直接发起了‘双反’（反倾销和反补贴），关税一下增加到 700% 以上，这相当于美国市场对我们关上了大门，影响是非常大的。”韩复兴说，“不过，我们也

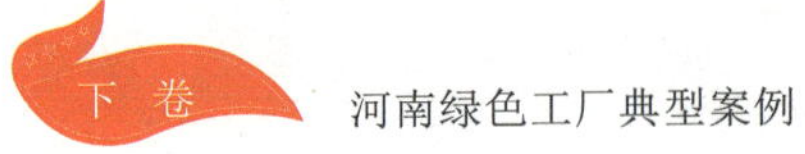

不会打无准备之仗。”

据其介绍，自2018年开始，贝利泰就着手布局国内市场，先后建立了天津、上海、佛山三个销售中心；并在去年相继与一些知名地产公司、建材五金市场达成合作，组建了七大事业部，发力国内工程市场。与此同时，国际化布局也并未放弃，美国市场关上了大门，但欧洲和东南亚市场的窗进一步“打开”，对应出口量逐渐增加。

“在国内瓷砖市场还有一个很有趣的现象，就是出口增速虽然放缓，但高端产品进口量仍在大幅增长，而且越来越偏向绿色化、健康化，这说明高端健康瓷砖的市场仍是非常大的，对我们来说是一个很好的发展契机。”韩复兴告诉大河报·大河财立方记者，安阳贝利泰的瓷砖产品在边角设计上均做了安全处理，公司还参与抗菌陶瓷等相关标准的制定，用绿色创新打造健康产品。

不过，转道已成熟的国内瓷砖市场并非易事，建立品牌认知、打造全线渠道，将是摆在安阳贝利泰面前的双重考题。

“不确定的市场环境必然会给企业带来未知的挑战，但我们对自己的创新力和高质量发展能力有充足的信心。这些挑战对我们来说也蕴藏着全新的机遇。”韩复兴说。

（摄影　朱　哲）

刷新在华投资纪录，太古可口可乐在郑州投建超 6 亿新项目

大河报·大河财立方记者　杨　霄

创建一条由数字化驱动的“绿色产业链”，是郑州太古可口可乐饮料有限公司（以下简称郑太）正在付诸的实践。作为河南第一大饮料制造及服务商，郑太 2019 年业绩规模约 26 亿元，在省内链接超 30 万个零售终端。

10 年前的郑太，即河南绿色工厂的典范。其在漯河投建的河南首座荣获“能源与环境设计先锋”铂金级认证的绿色工厂，在生产中年均实现的节水、节电量可供当地近 2 000 户居民使用。2018 年 11 月，郑太入选国家级绿色工厂。

而今的郑太，提出了由绿色工厂迭代“绿色智造”的新方略。2022 年，其在郑州的新工厂将把数字化植入全产业链、智能化赋能办公流程，重新定义“绿色、智能、快乐”的发展理念，激活全新的数字化引擎。

绿色不只基础设施，郑太“绿色智造”大道求索

推动中国经济由高速增长阶段转向高质量发展阶段，关键在于新旧动能转换。

2020 年 3 月，郑太筹建的“郑州太古可口可乐扩容重建智能化绿色工厂项目”正式启动，标志着该公司旗下的郑州工厂迈出了迭代升级的第一步。

郑州工厂是太古可口可乐有限公司（以下简称太古可口可乐）1995 年入豫投资的首

个项目，而今的新项目将另寻新址。有意思的是，该项目的名称中还包含了“扩容、重建、智能化、绿色工厂”等多个关键词。

郑太战略投资诉求的直观表现是扩容和重建。简言之，已运营25年的郑州工厂，硬件设施、产能规模、物流环境已达上限，难以再支撑郑太在河南市场的持续扩张。据了解，新项目拟投资规模不低于6亿元，这是太古可口可乐入华以来，最大一笔基建投资，也是对河南区产能提档升级的又一佐证。

与前者不同，“智能化”绿色工厂虽在国内制造业不是新话题，但被直接列入投资项目名称中的现象却不多见。

8月28日，郑州太古可口可乐饮料有限公司董事及总经理徐永刚在接受大河报·大河财立方专访时称：“绿色工厂不是概念，10年前它在河南已是既成事实；绿色制造更非定式，以绿色工厂为基础设施，搭载大数据、人工智能构建新引擎，郑太正在向‘绿色智造’大道求索。”

郑州新工厂会为郑太带来什么？

事实上，这是郑太对“工厂”的重新定义。徐永刚介绍，“大数据+人工智能”将担当企业运营的新能源与大脑，贯穿工厂的所有链条或环节。

他举例，在生产方面，每道生产指令会生成为数字，直达各类智能终端（智能货架、无人运载车、机械臂等），覆盖仓储、生产线、场内物流等各场景。简单理解，一瓶饮料从原料进出仓，到加工、成品包装，再到多类型产品精确数量装车，极少再出现人工劳作。在物流方面，卡车司机不必在厂门外久候数小时排队等货，每辆车几点几分该到仓储区几号门接货，可通过手机端完全掌握。在办公管理方面，智能化硬件将对各个环节发生的

变化了如指掌，包括采购、生产、物流及全省超 30 万个销售终端发生的实时数据。

值得一提的是，郑州新工厂还将兴建一座太古可口可乐博物馆，它将是这家工厂与消费者增强感知、提升互动的新载体。这家工厂将于 2022 年正式与公众见面。

绿色工厂投资值不值？郑太彰显河南制造业领头雁本色

制造企业“换挡”绿色工厂，是不是笔划算的“买卖”？

时至今日，经济社会中对此并未放下顾虑。这是因为，绿色工厂趋向于实现资源友好、环境友好、用工及社会友好，传统制造企业需在生产硬件中大规模添加环保设施，甚至将对既有生产流程发生重构。这是一笔不菲的投入。

以郑太旗下的漯河工厂为例，该厂于 2010 年建成投产。曾有报道称，相较同业普通工厂，该厂在绿色化基础建设增加投入约 1 650 万元，包括“地源热泵系统、能源监控与楼宇自控系统、生产线节能分析、太阳能和风能互补发电、中水回用、保温隔热材料、高反射屋顶”等可持续发展性的项目和设计，使整个建筑物本身成为一个巨大的环保体。

“绿色工厂吸引不了短线投资者或纯财务投资者。太古可口可乐不赚快钱，坚持可持续性发展，所以在十年前做此选择。”徐永刚给出了肯定答复。

徐永刚认为，从投资长线看，郑太升级为绿色工厂获益颇多。仅从节能角度考量，郑太在建设绿色工厂所产生的节能收益，可以覆盖当年的硬件投入。此外，还有三个更可观的收益：可持续性创新发展的理念，贴合国家对产业经济迭代及环保要求，企业品牌与社会深层次交互的实践。

“可持续性创新发展”，每个投资者可能对此都有一番见地。从郑太的视角来看，彼时，中国制造正由规模扩张转向先进制造，发生了快速迭代，绿色制造即“高地”。那么，企业与国内外科技进步保持同频共振，是在同业保持自身竞争力领先的重要选项。因此，郑太选择了“先行”。

10 年后的今天，郑太旗下两家工厂的绿色装备仍未落伍，发挥着河南“绿色制造”的示范作用。近年来，国家不断强调“绿色发展”，对各产业经济的环保要求逐年提升，郑太旗下工厂贯彻上级要求，全力推动企业绿色发展。

不仅如此，郑太的绿色工厂还做了一项有益探索：工厂与社会公众的交互方式，由单一的产品或服务交互，转向多维度的品牌认知互动。

事实上，在 2013 年，郑太旗下的郑州工厂已实现了废水零排放。这家工厂每年产生的 20 万吨中水（又称再生水），直供郑州高新区的莲湖公园水系。公园中荷叶满塘、绿意盎然，此景不仅成为这座城市工厂与都市生活兼容的典范，同时，还持续催化着公众对可口可乐、郑太“绿色”标签的认知。

在徐永刚看来，过往 10 年，郑太在践行绿色制造的道路上循序渐进、不断升维。它从 1.0 版的资源友好、用工友好，迭代至 2.0 版的环境友好、社会友好。未来 10 年，3.0 版的绿色郑太将拥抱大数据、智能制造，及时发现消费者需求，提升商品与用户匹配、触达、交互效率，同时，持续降低业务运营全程碳排放，以新产品包装推动“乐创无废”等。

如他所言，“没有过往 10 年绿色制造的实践，就不会有今日驾驭‘绿色智能’的梦和远方”。

（摄影 朱 哲）

深耕制冷行业二十余年，郑州凯雪冷链盯上食材冷链物流

大河报·大河财立方记者　任　冰

深耕制冷设备制造行业二十余年,郑州凯雪冷链股份有限公司(以下简称凯雪冷链)董事长冯仁君看到了社区食材零售将带来的广阔市场,以及城乡冷链物流设施建设带来的重大机遇。

作为一家从田间到餐桌全系列冷链设备和方案服务商,凯雪冷链的产品覆盖了从田间预冷到最后一公里物流配送中的各个环节。在生态设计理念的指引下,"智造"已经成为该公司生产中的主旋律。

2020年9月上旬,绿色工厂产融对接直通车活动走进凯雪冷链,了解到这家公司不仅践行着生产环节的节能环保,还致力于制定更科学的冷链标准,以实现冷链产品存储过程中的高效与节能。

"智造"助推绿色生产

在宽敞的车间内,两个工人熟练地将外壳与内柜套在一起,再把对应的线路一一连接,一台半成品的冷柜便可进入下一个制造环节了。

"这种冷柜,一天的产能为100台,单台售价为5 000~6 000元。"凯雪冷链的一名工作人员指着装配环节介绍道,月底该生产基地将增加一条生产线,可直接实现内外柜的自动组装,"未来将大幅度提高生产效率,增加效益。"

技术与设备的迭代升级,不仅提升了工厂的生产效率,也助力凯雪冷链实现节能减排、绿色生产。

据介绍，凯雪冷链目前拥有中牟、经开两个生产基地，主要产品为商用（医用）冷柜、商用（医用）冷库、冷藏车制冷机组、客车空调等。2019 年 9 月，该公司入选河南省 2019 年省级绿色工厂名单。

凯雪冷链为此做出了多重努力。期中生产线改造起到了重要作用。例如，凯雪冷链通过改变工装夹具的长短，增大喷塑件的密度以提高天然气的使用效率；将焊接改成铆接，将部分工序二氧化碳保护焊改成固体保护焊，减少二氧化碳保护气的使用；投资建设了机器人焊接自动化生产线，有效解决了传统制造行业资源消耗高、用人多、成本高等问题。

除了“单点开花”，系统性管理更为关键。据介绍，凯雪冷链已搭建能源管控中心，打造智慧电力运维平台，能够实时查询各设备的运行参数和状态，并且运用云平台监控、比较、分析出设备运行功率的耗电量。

另外，该公司还通过建立智慧冷链设备运维管理系统，打造了中控数据中心。这一系统解决了制冷设备跨区域活动、全程监控等难题，保证了现有硬件资源下关键业务的连续可用性，而且整体架构具备高扩展性，可随时满足新业务需求，大幅提升效率，降低耗电量，减少二氧化碳排放。

十余年研发路，从经销商到全链条冷链设备提供商

“智造”，不仅助力凯雪冷链打造绿色工厂，也是对该公司发展史的精准注脚。

凯雪冷链成立于 2006 年，创始人冯仁君、杜荣花夫妇均出身于中国第一家白色家电上市制冷企业——冰熊股份，从维修服务起家，后来又从事美国两大知名品牌的经销贸

易。融合了中国顶尖制冷企业和国际制冷行业巨头的优质基因之后，他们走向自主创新之路。

"就跟捏泥娃娃一样，这个企业是我发起的，所有的环节我都得沉进去，产品研发，产品效能，甚至售后服务，必须面面俱到。"冯仁君回忆起创业初期，竞争对手都是强者，他认为必须把基础打扎实、把核心技术掌握到自己手中，才能争得一席之地。

在冯仁君等管理团队十余年的悉心经营下，凯雪冷链规模不断扩大。数据显示，2012年，凯雪冷链的营业收入与净利润分别为1.95亿元、269.42万元，到了2019年，这两项指标分别增长至5.35亿元、5 210.33万元。其中，该公司生产的冷藏车制冷机组，目前市场占有率在国产品牌中处于领先地位。

"凯雪的现有产品已经覆盖全程冷链的各个环节。"冯仁君称，凯雪冷链已经研发出从田间预冷到干线物流，再到冷库或分拣中心、城配物流、商超便利店、物流配送等的全链条冷链设备，再搭配物联网监控平台，已经实现冷链无断点、监控无盲点。"随着消费升级，人们对食品安全的关注度越来越高，对冷链食品实现全程可追溯的诉求也肯定会越来越强烈。"

值得注意的是，凯雪冷链在产品研发方面尤其坚持生态设计理念。例如，该公司在业内首次自主研发全电机组、独立机组和半挂车机组，运行稳定，维修保养简单快捷，温控精准。该公司还自主开发以二氧化碳作为制冷剂的高效、节能、环保的商用冷藏、冷冻展示柜和冷库，相较于传统氟利昂制冷剂，二氧化碳制冷剂对环境几乎没有影响。

截至2020年6月30日，凯雪冷链累计取得2项发明专利、133项实用新型专利、16项外观设计专利；另有3项发明专利、20项实用新型专利已受理。

据记者了解，此前于2014年，凯雪冷链挂牌新三板。2020年9月3日，凯雪冷链宣布拟首次公开发行股票，并在创业板上市。

生鲜零售、城乡冷链物流设施建设带来新机遇

企业要想实现可持续发展,修好内功的同时,还必须时刻关注外部市场的变化。

2020 年,中国社区食材零售规模扩张明显。以社区食材中的生鲜产品为例,招商证券的一份调研报告显示,疫情期间线上渠道占比明显提升,生鲜到家平台新用户的整体留存率高达 83%;订单量与客单价提升使得前置仓到家平台盈利能力明显增强;实体商超线下销售显著增长等。

对冷链设备行业来说,这意味着大规模的分拣冷库、运输冷藏车、冷柜等市场需求,风口已来,冯仁君显然不想错过这个机会。

据介绍,凯雪冷链服务的客户群体已覆盖伊利、蒙牛、君乐宝等多个大型乳制品企业,产品也走进了盒马、永辉超市、苏宁小店、丹尼斯等商超。下一步,他希望有更多的零售品牌认识凯雪冷链,与凯雪冷链成为合作伙伴。

除了消费模式转变带来的行业性机遇外,冯仁君认为在农业农村现代化及乡村振兴战略的实施进程中,冷链设备提供商也大有可为。

2020 年初,河南省农业农村厅印发《关于做好我省农产品仓储保鲜冷链物流设施建设工程项目库建设工作的通知》,提出要各省辖市、济源示范区共建设 18 个农产品骨干冷链物流基地;建设 50 个区域性农产品产地仓储冷链物流设施;建设约 300 个乡镇田头仓储冷链物流设施;在约 5000 个村开展村级仓储保鲜设施建设。

这样一个覆盖全省的农产品冷链设施网络,需要专业化、规范化的冷链设备作为支撑。冯仁君表示,作为河南本土的冷链设备提供商,凯雪冷链此前已积极参与省内民生设施建设,未来将加大力度,支持本省冷链行业的快速发展。

日前,凯雪冷链副总经理代灿丽依托凯雪冷链的院士工作站,以红薯的存储为主题

组织了一场院士专家团队讨论会，探究红薯存储的科学方法。“各种冷链产品的存储一定是需要科学标准的，科学的存储方法也会在提升存储效率的同时，实现节能环保。”

为了满足更大的市场需求，凯雪冷链正在筹备建设新工厂。2020 年 7 月 30 日，据河南省投资项目在线审批监管平台公示，郑州凯雪冷链股份有限公司高端智能冷链装备研发制造建设项目已获郑州中牟汽车产业集聚区备案。该项目估算总投资 3.68 亿元，占地 48 亩。据悉，就筹建标准而言，新工厂的自动化程度、节能环保水平都将再上一个台阶。

（摄影　朱　哲）

案例 9　小烟盒链接大生态，桐裕印务为“泡桐之乡”添绿

大河报·大河财立方记者　贾永标

九曲黄河奔腾入豫，万里新颜写入胸怀。金秋时节，黄河拐弯处的兰考大地散发着勃勃生机，这其中既有“绿水青山”释放的自然魅力，更有“金山银山”蕴藏的经济活力。

在践行“既要绿水青山又要金山银山”理念上，兰考县的变化看得见。如果说县城绿化面积达到 1 682 万平方米、绿地率 36.4% 是前者的答卷，那么推动县域企业“绿色升级”则是二者的有机融合。

2020 年 8 月下旬，2020（第十六届）大河财富中国论坛特别行动——绿色工厂产融对接直通车走进位于兰考县产业集聚区的河南桐裕印务有限公司（以下简称桐裕印务），近距离探访其绿色升级经验，搭建绿色信贷与绿色制造的“绿色通道”。

自主研发推出“爆款”香烟外包装

从郑州驱车沿连霍高速东行一个半小时，即可抵达位于 106 国道附近的兰考县产业集聚区。该集聚区是河南省首批 180 个产业集聚区之一，总规划面积达到 20.02 平方千米，产业集群覆盖医药、化工、汽车制造、印刷等。

桐裕印务作为该产业集聚区特色企业之一，成立于 2014 年 11 月，主打产品是烟盒外包装。作为一家高新技术产业，桐裕印务现拥有 40 项专利技术（21 项实用新型专利，19 项外观设计专利）、1 个省级企业技术中心。

目前，河南市面上常见的黄金叶（黄金叶）、黄金叶（硬帝豪）等香烟外包装多出自该公司。作为一家烟印企业，桐裕印务还主导开发了多项爆款香烟外包装，如黄金叶（乐途），因贴近实际需求，在商旅人士之中一度较为流行。

就是围绕这么一个小小的烟盒，桐裕印务稳扎稳打做起了大产业。数据显示，2019 年桐裕印务实现销售额 2.42 亿元，同比增加 6 041.52 万元，同比增长 33.24%。

“公司 2019 年业务额稳中有升，且积极参与中烟各公司新产品研发项目，生产稳定推进、总量创历年最高。”桐裕印务总经办主任许韶华在接受大河报·大河财立方记者专访时介绍，近年来桐裕印务专注主业，多次获得“兰考县先进企业”“兰考县长质量奖”“兰考县诚实守信单位”等荣誉。

五大举措推进工厂“绿色升级”

从最早的活字印刷术至今，印刷行业在我国已有数千年的历史，不过在其发展过程中也曾引发过“高耗能重污染”的相关争议，因此印务行业绿色升级一直是行业主旋律。按照绿色印刷相关要求，印刷品从原材料选择、生产、使用、回收等整个生命周期均应符合环保要求。在桐裕印务生产车间，一张张已经印刷完成的烟盒纸整齐有序地码垛在一起，这得益于该公司严格的品控管理，桐裕印务产品中使用的原材料均可以回收，按照 GB/T 20862 的要求计算其产品的可回收利用率，回收率为 100%。

据介绍，桐裕印务拥有世界一流的意大利赛鲁迪 R930-3 九色凹版印刷生产线和国内知名品牌松德十色 820 凹版生产线，同时配备了世界一流的质量控制和检测设备。针对印品异味问题，该公司还申请了“印品异味处理装置”等实用新型专利。

“工厂对危险品、化学品、有毒有害物质、危险废弃物等建立了完善的管理制度，工厂的危险品仓库、废弃物处理间等产生污染物的房间均独立设置。”许韶华说，工厂建筑材料选用了蕴能低、高性能、高耐久性的材料，并且在设计及施工时优先选用本地建材，这是绿色工厂理念的体现。

在计量配备方面，桐裕印务采用“电能综合测试仪”“红外线测温仪”等检测设备对全厂主要用能设备进行检测，测试综合效率高于额定综合效率，设备处于经济运行状态。

尤其值得一提的是，桐裕印务较早地引入了能源管理系统，目前已渐入佳境。“下一步我们的目标是全面打造‘绿色工厂’，未来五年公司万元工业产值综合能耗降低 10%，万元工业产值耗水量降低 5%；二氧化碳排放强度下降 12%，控制主要污染物排放总量，并建设绿色供应链管理企业。”许韶华说。

营商环境持续优化助力企业主动担当

企业的发展离不开当地优良的营商环境，在兰考县，这一特征更是得到了充分体现。大河报·大河财立方记者在桐裕印务走访期间，兰考县科工信局、兰考县产业集聚区相关负责人也来到现场，希望在实际走访中进一步掌握企业需求。

“工信局和产业集聚区的同志们经常到厂区走访，尤其是在 2020 年这种大环境下，他们提供的支持十分宝贵。”桐裕印务副总经理吕小方说，近年来营商环境的变化他们感受非常深切，政务部门已经成为企业的“娘家人”。

兰考县科工信局副局长郭国顺介绍，疫情期间，兰考县阶段性减免企业养老、失业、工伤保险单位缴费，以减轻疫情对企业，特别是中小微企业的影响。从 2 月到 6 月对中小微企业免征上述三项费用，从 2 月到 4 月对大型企业减半征收。同时，6 月底前，企业可申请缓缴住房公积金，在此期间对职工因受疫情影响未能正常还款的公积金贷款，不做逾期处理；对缴纳生产经营所需用气、用水等费用确有困难的中小微企业，实行“欠费不停供”措施。

营商环境持续优化让企业发展如鱼得水，企业在做大做强的同时也主动承担社会责任，这在当地已经形成了正循环。以桐裕印务为例，该公司通过帮困扶贫、兴教办学、慈善捐款、赈灾捐款等多种形式开展公益活动，均取得了较好的效果。

（摄影　马腾飞）

案例 10 红旗渠畔“无中生有”，光远新材筑起电子级玻纤大世界

大河报·大河财立方记者　裴熔熔　实习生　杨志莹

太行山下、红旗渠畔，从来不缺拓荒者。

2011 年 7 月盛夏，一个新材料项目在林州大地上“无中生有”。它从安阳重工业中迸发，用一根根直径仅有头发丝 1/10 的电子级玻璃纤维，撬开了行业壁垒，链接起全球十几个国家和地区。

如今，这个“微米世界”正乘着绿色化、智能化的浪潮，不断开拓新的疆界：用 3~5 年时间把核心产品做精做强，成为具有行业技术领先、国际知名的专业化电子级玻纤产品制造基地。

2020 年 8 月，2020（第十六届）大河财富中国论坛特别行动——绿色工厂产融对接直通车走进“微米世界”河南光远新材料股份有限公司（以下简称光远新材），看它如何用绿色智能技术完成自身升级蝶变，探寻小小微米如何筑起了比肩国际的电子级玻纤大世界。

打造专属深度治理改造方案，每年节约标准煤用量 1.37 万吨

在林州，这个“微米世界”并不难找，沿着 G234 辅路一路向北，待与绵绵太行山脉并肩遥望之时，光远新材也就到了。

别看它成立的时间并不算长，但却已将“河南省级绿色工厂”“河南省绿色环保引领企业”“河南省技术创新示范企业”等诸多荣誉收入囊中，是实打实的绿色环保明星企业。

步入厂区内，首先映入眼帘的就是一个堪比足球场大小的绿色草坪，宽阔的柏油马路环绕延伸入内，两旁青白色厂房整齐排列，极具工业 4.0 的标准简约风。经过深度处理后的废水池中，一群锦鲤正欢快地游动。

据光远新材总经理助理杨海鹏介绍，自成立以来，光远新材就致力于全方位的绿色、高端智能化的建设和改造，尤其是近年来按照环保深度治理要求，邀请专业院所，量身打造了一企一策的深度治理改造方案。

“我们投资 6 097 万元打造了窑炉脱硫脱硝深度治理、余热回收及中水回用综合利用项目。”杨海鹏告诉大河报 · 大河财立方记者。在污水治理方面，光远新材引进了先进的污水生化处理工艺，污水排放指标达到了国家一级排放标准；在废气处理方面，是国内同业引进美国陶瓷滤管设备的第一家，相较业内普遍使用的袋式除尘技术，不仅能有效过滤粉尘，还可有效脱硫脱硝，实现超低排放；不仅如此，余热利用和中水回用项目实施后，每年可节约标准煤用量约 1.37 万吨，节能效果明显，开辟了电子级玻纤企业持续绿色发展之路。

除了坚持绿色生产，光远新材在智能化改造方面也颇有一股敢为人先的“犟劲儿”。

在偌大的操控室内，仅有四台电脑、两个操作员和一块大大的电子屏幕，操作员仅需监控电脑屏上跳动的数字，不用深入车间，就可清晰掌握生产线的运行情况。

杨海鹏告诉记者，公司通过智能化、信息化改造，在当地率先实现了生产控制系统的自动化和规范化。例如，基于 DCS 控制系统，可对生产过程进行实时监控，精准管控每一道生产工序，保障从原料到成品稳定生产，开展优化排产，提高生产效率；基于设计装配质量跟踪系统，可跟踪从拉丝到成品备货生产流程的六大环节，完成全流程的质量跟踪。

据测算，通过实施智能化改造，光远新材的生产效率成功提高 25%，运营成本降低 23%，产品研制周期缩短 20%，产品不良品率降低 10%，能源利用率提高 23%。

“无中生有”的电子级玻纤龙头，前 8 个月总产值达 6.5 亿元

光远新材不仅是绿色环保明星企业，而且红旗渠畔在短短 9 年时间内飞速成长起来的电子级玻纤企业龙头。

2011 年，工业重镇安阳正值传统行业转型升级浪潮，林州老牌钢铁企业凤宝集团应势而动，计划打造一个新材料项目，培育新的发展动能。被委以重任的，就是如今光远新材的董事长李志伟。

“我们最初看好的其实是一个玻璃类项目，调研了一年，待要开工时觉得不行，就放弃了。”李志伟告诉大河报 · 大河财立方记者，此后一年多的时间，他跑遍了国内外几十家企业和设计院所，直到 2012 年五六月份，才将生产电子级玻纤和电子布正式确定下来。但后续的研发、人才、资金等问题接踵而至，考验着新生的光远新材。

电子级玻璃纤维是一种无机非金属材料，其最大的优点是绝缘性、耐热性好。其单丝的直径为几个微米到十个微米以内，相当于一根头发丝的 10%~20%。而电子纱和电子布，就是将电子级玻纤通过捻线、织布等工艺制成的产品，是覆铜板的关键性基础材料，广泛应用在手机、汽车、通信、军工设备中。

"这是一个高度垄断的产业，技术、行业等各方面都有很强的壁垒，需要大量的时间和资本投入，而当时新兴的技术和设备基本都掌握在国外公司手中，由此导致国内专业的人才也十分缺乏。"李志伟说，"我们当时连玻纤协会在哪里都不知道。"

不过，在林州大地，最不缺的就是"无中生有"的奇迹。

2012 年 9 月，光远新材一期电子纱项目启动，从破土动工到点火仅用了 12 个月的时间，创下了国内外同行业项目建设速度的新纪录，被誉为玻璃纤维行业的"林州速度"。

此后三年，光远新材又相继实现了三个项目投产，累计完成固定资产投资 25 亿元，项目建设接连创造新的"林州速度"，同时填补了河南省电子级玻纤行业空白。

2019 年初，光远新材 5G 用高性能低介电电子纱和极薄电子布项目开工，这是 5G 用电子材料的关键材料，采用的池窑法系国际首创。项目自年初动工之后，仅用 6 个月就具备了投用条件，并顺利点火，再现"林州速度"。目前，配套项目作为林州 2020 年工业"一号工程"正在火热开建，预计年底投产。

据中泰证券研究所分析测算，在 2019 年全球电子纱在产能中，光远新材占比 7.2%，稳居行业第一方阵。它也是目前中国大陆为数不多的可同时生产高等级电子纱与电子布的玻纤企业。

即使是在受疫情影响的 2020 年上半年，光远新材也克服各种困难，实现连续生产，运营情况总体良好。前 8 个月，电子纱产量 5.2 万吨、电子布 1.2 亿米，总产值达 6.5 亿元。

多重政策加码扶持,“微米世界”要打造国际知名制造基地

从寂寂无闻到电子级玻纤企业龙头,光远新材用了 9 年。这背后,除了林州人特有的韧劲与拼搏,更少不了政策的扶持与推动。

安阳作为河南省老工业基地,钢铁、煤炭机械等重工业产业占据较大比重。要想实现高质量发展,就必须抓好转型升级。近年来,安阳突出抓好传统产业的改造提升和新兴产业的培育提高,聚力创新发展,为高质量发展提供有力支撑。

安阳市工信局相关负责人告诉大河报 · 大河财立方记者,为助力安阳市电子信息产业发展,安阳市委、市政府将特设安阳市重点项目重点企业重点产业工作专班,对专班承担的全市重点项目、重点企业、重点产业进行“全过程”管理和服务;同时出台了《关于促进非公有制经济健康发展的若干意见》等一系列文件,从营商环境、财税政策、融资环境到具体扶持、奖励资金落实进行详细规定,全面助力企业发展。

林州市红旗渠经济技术开发区经济发展局副局长徐敬波是光远新材的“店小二”。“从项目立项、环评、土地审批等各方面,我们都有专人负责,代办代理。有问题我们尽量当天解决,解决不了的会召开工业例会,争取一周内解决。”徐敬波说,要全力保障企业安心生产,不用担心墙外之事。

金融的助力同样不可或缺。郑州银行安阳分行公司部总经理杨毅表示,自入驻安阳以来,郑州银行即与凤宝集团建立联系,提供了持续的信贷支持,接下来将与光远新材进行深度对接,争取在更多领域开拓新的合作。

漫步在光远新材厂区,“起步与世界同步”的标语格外引人注目,这不仅是自我要求的高标准,背后更蕴藏了这个“微米世界”的雄心。

李志伟告诉大河报 · 大河财立方记者,接下来将重点发展超细纱、极薄布、5G 用 LOW-Dk/Df、IC 封装用 LOW-CTE 材料。用 3~5 年时间把核心产品做精做强,将光远新材打造成为行业技术领先、国际知名的专业化电子级玻纤产品制造基地;同时,逐步延伸产业链,建成具有技术创新优势、管理优势、品牌优势的大型企业集团,成为全球市场有影响力的行业领先企业。

(摄影 朱 哲)

案例 11 培育多个行业隐形冠军,隆华科技再砸数千万绿色升级

大河报 · 大河财立方记者 贾永标

2011 年,一家股票代码为“300263”的企业凭借领先的节能技术正式登陆资本市场,成为洛阳地区首家登陆深圳创业板的上市企业,这家企业便是隆华科技集团(洛阳)股份有限公司(原洛阳隆华传热节能股份有限公司、以下简称隆华科技)。

同年，隆华科技具有自主知识产权的高效节能复合型蒸发式冷却冷凝换热技术，被国家工信部列为17个重点行业清洁生产推广技术之一，公司也被认定为“河南省绿色企业”。

就是这样一家老牌绿色企业，近两年来又持续投入数千万元进行产能提升和环保设备设施、环保技术及节能降耗的改造，公司环保设备设施达到国内较为先进水平，业绩也创下近年来新高。

8月27日，2020（第十六届）大河财富中国论坛特别行动——绿色工厂产融对接直通车走进隆华科技，探秘这家老牌“绿色工厂”的绿色升级秘诀。

从节能环保起家，将生态理念根植产品

洛阳市西北部，近洛阳北郊机场，多家以装备制造业为主导的高新技术企业齐聚这里，形成了洛阳空港产业集聚区。隆华科技及其附属公司便位于这一区域。

近日，大河报·大河财立方记者来到隆华科技厂区，车间内部热火朝天的生产氛围与外界的静谧形成了鲜明对比。这里曾诞生了中国第一台高效节能复合型蒸发式冷却冷凝装备、第一台高效节能复合型蒸发式凝汽装备以及第一台高效节能复合型空冷式凝汽装备。

“我们相当一部分核心产品就是围绕节能环保开发的，因此打造绿色工厂一直是隆华科技的工作重点。”隆华科技副总经理李江文说，历经20年的稳健发展，隆华科技已经成为国内最大的高效节能复合型蒸发式冷却冷凝装备的研发、制造基地，也是国内优秀的系统性冷却（凝）方案的设计者和设备制造商之一。

以其自主创新开发的高效节能复合型蒸发式冷却冷凝换热装备为例，经国家权威机构鉴定:在相同的换热负荷下,与直接空冷相比,该设备节电 10%~30%,成本下降 10%~15%;与水冷相比,节水 80%以上;与传统水冷系统比较,采用这一技术可节水 30%~70%,节电 30%~60%,年节省运行费用 50%以上。

据介绍,这些板式热换器、高效复合型蒸发式冷却(凝)器装备、空冷器系列产品,主要用于电力、石油、化工、煤化工、冶金、制冷、食品等领域的工业换热装置,在这一领域,隆华科技也已成为国内工业换热领域技术及装备的首选厂家。

再投数千万元持续加码绿色制造

当前,环境问题已成为热度较高的公众议题,制造业“绿色升级”也已成为大势所趋。在这样的绿色化进程中,有的企业被动前行、效果不佳,有的企业则主动拥抱浪潮,取得了较好效果,隆华科技便是后者。

“企业近两年投入数千万元进行产能提升和环保设备设施、环保技术及节能降耗的改造,定期委托第三方进行环境监测,工厂废气污染物能够实现超低排放。”李江文介绍,尽管公司十年前已经获评省级绿色企业,但他们在绿色升级方面仍然保持着精益求精的追求。

从宏观趋势来看,国务院发布的文件《中国制造 2025》已将“全面推动绿色制造”作为九大战略重点和任务之一,明确提出要建设绿色工厂,实现厂房集约化、原料无害化、生产洁净化、废物资源化、能源低碳化。文件还在绿色制造工程专栏里提出制定绿色产品、绿色工厂、绿色园区、绿色企业标准体系,开展绿色评价。

绿色升级并不仅仅是整体层面的升级与改造,不少细节得到优化后也可以发挥很好的效果。“公司依据生态设计的要求对产品进行设计,节约材料成本约 20%,在这个基础上继续简化工作流程、减少加工成本,还能再提高 10%的生产制作效率。”李江文说,厂房和办公建筑均充分利用自然采光和 LED 灯照明,路灯为太阳能,这些细节都是绿色工厂的有机元素。

尽管已经有较好基础,但隆华科技仍然在这条路上保持着探索。据悉,下一步隆华科技将进行环保设备的节能环保升级改造和工业自动、智能化改造;进一步增加环境治理投资,加大改造焊烟集中处置的环保设施,提高大气污染物排放治理效率,减少各种生产工序的无组织排放;加强生产工序的 6S 管理,提高企业管理水平,改善生产车间和厂区环境。

大并购战略培育多个细分行业“隐形冠军”

“2020 年上半年营收数据正式披露后,我们终于可以对外宣称,隆华科技双轮驱动转型战略取得了一定成功。”隆华科技财务总监段嘉刚说,近年来隆华科技围绕新战略进行了探索和布局,目前已初显成效。

8 月 26 日,隆华科技公布的 2020 年半年度报告显示,公司上半年实现营业收入 7.83 亿元,同比下降 4.96%,营业利润 1.41 亿元,同比增长 33.08%,归属于上市公司股东的净利润 1.09 亿元,同比增长 30.89%,研发投入 3 647.67 万元,同比增长 20.20%。

能在疫情冲击下实现营收净利的逆势上扬,与隆华科技的并购转型密不可分。2018 年 9 月,隆华节能正式更名为隆华科技,一词之差的背后是主业与战略的大变迁。

“在节能、环保领域,我们已经触及了天花板,很难再探索出新的增长极。”段嘉刚介绍,过去几年,随着原中船重工集团总工程师、中船重工七二五所所长孙建科的加盟,隆华科技逐渐扩大经营范围,将新材料领域作为又一重点发力领域。

大河报·大河财立方记者注意到，隆华科技近年来资本运作频繁，2013 年耗资 5.4 亿元收购中电加美环保公司进军环保领域；2015 年先后耗资超 7 亿元并购 5 家新材料公司；2016 年先后收购兆恒材料 52.99%股权、海威复合材料 66.69%股权、科博思 76.81%股权，布局涉足军民两用的新材料。

“对企业进行并购后，我们会最大限度地保证公司原有管理团队的稳定，然后在此基础上去补足该公司的短板。”隆华科技的这种理念，也保证了多个分公司、子公司的稳定与发展，并逐步成为多个细分行业的“隐形冠军”。

（摄影　朱　哲）

固废淘出亿元大产业，强耐新材打造“会呼吸”的绿色建材

大河报·大河财立方记者　陈玉尧

火电厂的炉渣、脱硫石膏、粉煤灰，老旧小区改造的建筑垃圾，这些固体废弃物经过一道道工序，在河南强耐新材股份有限公司（以下简称强耐新材）的生产线上，变身为节能、环保、“会呼吸”的绿色建材。

9 月 14 日，2020（第十六届）大河财富中国论坛特别行动——绿色工厂产融对接直通车走进了强耐新材，探寻这家国家绿色工厂的环保发展之路。

施工效率提升 10 倍，强耐新材打造“会呼吸”的绿色建材

走在强耐新材的行政办公区，小路两侧绿树成荫，办公楼大厅灰砖青瓦，古朴典雅，完全不像一家建材企业。

然而，看似普通的人行道却并不简单。强耐新材总经理助理武东亮告诉记者，这条步道采用了海绵城市的必备产品——透水混凝土材料，这项产品由建筑垃圾再生骨料、粉煤灰等固废制成，下雨时可使雨水快速渗入地下，不会形成路面积水。

这只是强耐新材绿色建材系列的一款产品。

强耐新材主要从事墙材、砂浆、地坪及装配式建筑四大系列绿色建材产品的研发及其生产、销售，面向大型综合住宅、房地产开发项目、房屋装饰装修等领域，是一家立足于固体废弃物资源综合利用、节能环保的绿色建材企业。

在强耐新材的创新中心，记者看到了石膏自流平、抹灰石膏、透水混凝土、干撒耐磨地坪硬化剂等一系列产品。

技术总监赵松海告诉记者，目前强耐新材的明星产品是石膏自流平。这款产品采用了复杂的加工技术，可实现回填、抬高、找平一次性完成，使施工间隔大幅缩短，4~6 小时即可上人行走，1 天后强度就可达到传统水泥材料 28 天的强度要求。同时该产品采用机械化泵送技术施工，2 万平方米建筑物可在 7 天内完成施工作业。施工效率提高 10 倍，且避免了扬尘污染。

“由于使用工业副产石膏，石膏自流平一方面可以隔音保温、调节空气湿度；另一方面还有效降低建筑载荷，提高建筑抗震等级。”赵松海表示。目前“强耐”品牌石膏自流平累计施工面积已达 500 万平方米。

此外，强耐新材生产的抹灰石膏，相比于水泥的高污染高耗能，具有绿色环保、透气调湿、隔音保温、无须养护等优点。

据了解，抹灰石膏在硬化过程中会形成无数个微小的蜂窝状呼吸孔，当室内环境湿度较大时，呼吸孔自动吸湿；反之，自动释放储备水分，使室内湿度保持在一个适宜的范围内。因此，石膏也被誉为“会呼吸”的绿色建材。此外，石膏本身也是一种药材，具有消毒杀菌作用。

由于研发大量石膏环保建材，强耐新材被评为全国石膏行业创新企业。

产研融合发展绿色生产工艺，年利用固体废弃物超过 200 万吨

绿色工厂不仅仅注重生产绿色环保的产品，更看重的是生产过程中的绿色工艺和技术。

在强耐新材的蒸压砖生产车间，记者看到一排排的灰砖在压模机器下成型，由黄色的机械臂整齐地取坯码好，然后传送至烘干室。

据赵松海介绍，该产品原料除了水泥和水外，同样包含固体废渣，且生产过程中全程封闭，大大减少了粉尘等外泄污染。该车间使用制砖机器人，一天可生产 50 万块砖，仅需 3 名工人操作。在提高生产效率的同时，将产品的废品率由此前的 5%降至 1%，节约了大量资源。

固废处理一直是火电厂头疼的问题。对此，强耐新材也给出了解决之道。

记者了解到，强耐新材新型建材的生产消耗大量固体废弃物，包括来自火电厂的炉渣、脱硫石膏、粉煤灰，来自城市老旧小区改造、道路改造的建筑垃圾等。这些固废经过粉碎、颚破后，被用于再生产，年利用量可达 200 万吨以上。

由于对大宗工业固体废弃物资源的高值化利用,2019 年,强耐新材获工信部颁发国家绿色工厂称号,成为焦作市第一批国家绿色工厂企业。

“随着绿色制造工艺、智能化生产线的投入,车间内工人的数量不断减少。但我们研发人员的数量一直在不断增加。”武东亮告诉记者,“强耐新材依靠增加人才引进投入、政府政策扶持等多种方式吸引人才加入。目前,公司研发人员占比约为 30%,远超一般的建材企业。”

除了加强自身技术研发能力外,强耐新材还通过与科研机构合作等方式,增强公司的科技支撑力量。

2019 年,强耐新材与河南理工大学共同发起成立河南省资源综合利用产业研究院,以环保和可持续发展为导向,围绕工业固废资源综合利用,打造“政、产、学、研、用”五位一体、相辅相成的产业链。

此外,强耐新材还与多位行业内专家学者合作,将其专利和研究成果转化,增加公司产品的科技价值。

通过在科技创新领域的持续发力,强耐新材先后获得国家高新技术企业、全国科技型中小企业、河南省工程技术研究中心、省级企业技术中心、河南省技术创新示范企业、河南省智能车间等多项荣誉。

创业板上市已辅导备案,5 000 万元 A 轮融资拟引进国资平台

建材行业最大的痛点可能是销售半径的局限。

受运输成本限制,一般建材厂覆盖的范围在 200 千米半径以内。对此,强耐新材拟通过技术输出的方式,完成在国内市场的广泛布局。目前,强耐新材已在四川、湖北、山

东、贵州等全国十几个省市建立了生产基地和营销网络。

此外,2020 年初,强耐新材还收购了一家工程公司,更名为河南强耐建筑工程有限公司,获得了市政公用工程施工总承包三级、建筑工程施工总承包三级、建筑装修装饰工程专业承包二级的资质,由此实现了从产品生产到运输、施工一站式解决、全方位服务的产业链。

在 2020 年半年报中,强耐新材营业收入 6 646.9 万元,归属母公司股东的净利润 934 万元。在受疫情影响、营收下滑的情况下,净利润增长 135.34%。

据了解,强耐新材于 2018 年成功挂牌新三板,挂牌当年营收 1.46 亿元。第二年,强耐新材营业收入 1.71 亿元,同比增长 16.93%。

武东亮告诉记者,登陆新三板主要是为了规范企业内控和财务,为将来的上市做准备。目前,强耐新材已在河南证监会辅导备案,正在接受开源证券的辅导,准备登陆深交所创业板。

“除正常 IPO 申请外,目前强耐新材已符合创新层条件,明年我们还将申请创新层,进而通过精选层转板上市,两条路同步进行。”武东亮表示。

根据监管层规定,在新三板精选层挂牌满一年,且符合《证券法》上市条件和交易所相关规定的企业,可以直接转板至上交所科创板或深交所创业板。

此外,记者还了解到,强耐新材正在准备 A 轮融资,初定融资规模 5 000 万元,主要引进国有资本平台。目前,已与多家投资公司达成初步合作意向。

国内市场布局多点开花,资本市场进程加速,接下来,强耐新材有望迎来新一轮的发展机遇。

(摄影 朱 哲)

案例 13 河南瑞泰助力水泥行业绿色转型,创下国内多项第一

大河报·大河财立方记者 吴春波

提到耐火材料,很多人想到的是高温、粉尘和空气污染,但在河南瑞泰耐火材料科技有限公司(以下简称河南瑞泰)的厂区,记者看到的则是另外一幅场景。

干净的厂房里面,自动化的设备大幅改善了工作环境,也降低了劳动强度,员工通过 App 就能看到每一个环节的运行情况。

河南瑞泰总经理助理刘昭向大河报·大河财立方记者介绍,通过联合科技创新和对企业进行两化融合升级改造,河南瑞泰已经顺利转型成为绿色发展整体解决方案提供商,并通过新产品大幅提升下游企业的绿色发展能力。

12 年做碱性高端耐材，多次创下国内“第一”

2008 年，中国建筑材料科学研究总院下属的瑞泰科技，引进民营企业参与进来之后，在新郑落地生根，转型成为一家高新技术企业——河南瑞泰。

作为国家火炬计划重点高新技术企业和国家 863 科技成果——环境友好高档碱性

耐火材料产业化基地，河南瑞泰曾创下国内多项第一：首条以天然气为燃料的超高温隧道窑示范生产线的企业，首家把“无铬碱性耐材”技术应用于生产实践的耐材企业。

刘昭介绍称，在这之前，镁铬砖一直是水泥窑和有色金属冶炼行业的首选，但镁铬砖长期在高温、碱性的环境中使用，会生成致癌的六价铬，并对水域及土壤造成污染。

无铬高档碱性耐火材料是耐火材料行业中的塔尖产品，技术门槛比较高。在河南瑞泰突破这一技术前，国内无铬高档碱性耐火材料一直依赖海外进口或在国内建厂的外企提供，价格十分昂贵。

河南瑞泰的无铬高档碱性耐火材料推入市场后，不仅顺利完成了进口替代，外企同类产品价格也降至原来的一半左右。

刘昭告诉记者，彼时，由于“瑞泰科技”产品质量稳定，性价比较高，受到国内外客户青睐，在欧洲的玻璃制造市场，还一度出现了当地渠道商“争做代理”的情形。

经过 12 年发展，河南瑞泰已成为河南最大的碱性耐火材料研发和生产企业，市场主要集中在水泥行业、玻璃制造行业及有色金属冶炼行业。其中，水泥行业碱性耐火材料的市场占有率已经超过 15%，为国内行业第一。

刘昭说，好的耐火材料需要“三高”才行，即原材料纯度高、成型造坯压力要高、烧成温度要高。

据其介绍，好的耐火材料对原料及设备要求也比较高，压力设备必须达到千吨级，耐材才能达到要求的致密程度，耐火温度也要超过 1 850℃。

把能耗、污染降下去，把自动化、信息化提上去

中国耐材看河南，河南耐材看郑州。

耐材是河南制造业中的优势特色产业，郑州是河南耐材产业最集中的地方，产量占比达 65%。河南耐材行业实现绿色发展，对整个耐材行业绿色发展具有风向标意义。

作为河南耐材行业的技术实力派，河南瑞泰坚持环保优先的原则，持续探索具有行业特色的绿色、环境友好、资源节约型发展路子。

建厂之初，河南瑞泰建成了国内首条以天然气为燃料的超高温隧道窑示范生产线，实现了洁净能源燃烧。

为积极应对严峻的大气污染防治形势，2019 年河南瑞泰投资 1 200 万元，打造具有国际先进水平的脱硫系统，将河南瑞泰打造成“耐火材料超低排放生产基地”，引领耐材行业大气污染治理减排工作。也是在这一年，河南瑞泰被工信部评为国家级绿色工厂。

高温工业的核心设备是窑炉，高温焙烧工序能源消耗约占 90%。河南瑞泰设立了能源集控中心，通过对工序能耗的检测分析，指导制定能源管控措施。干燥器采用隧道窑余热作热源，提高了能源利用效率。通过加入改性剂，改善了产品质量，降低了产品的烧结温度，节约了能源。

除此以外，河南瑞泰还于行业内率先开发了复合智联相变换热技术，大幅度回收低温余热，以替代燃气锅炉和电力空调，实现利用隧道窑余热供应公司生产、生活用热水及冬季集中供暖和夏季集中制冷需要，并通过热网系统向相邻单位输送。

刘昭表示，新技术的使用，让河南瑞泰每年可节约天然气 150 万立方米，降尘效率提高 30%~35%，不仅节约了能源，也降低了颗粒物排放。

刘昭介绍，为实现企业生产的绿色化，河南瑞泰同时启动了信息化和工业化的两化融合项目，最大限度地降低粉尘、废气污染物排放、降低噪声污染，同时也大幅降低了员工的劳动强度。

“在生产配料环节，不需要人员进入，全部使用自动化配料设备，提升配料精准度；原料的运输环节则全部密封，转接处全部装了软连接及除尘装置；在仓库和生产环节，使用电动门隔断，最大限度地实现降噪。”刘昭说，这些环节都是在中控室内通过电脑指令来完成，员工的工作环境大幅改善。

创新驱动技术革新，持续推动下游绿色转型

水泥在国民经济的发展中举足轻重，近年来，水泥行业持续加大环保投入，通过持续革新，降低污染物排放。

以“节能、环保、长寿、轻量化、无铬化”为目标，与第二代新型干法水泥工艺相适应的耐火材料配置技术则成为关键。

刘昭表示，新产品不仅实现了无铬化，使用寿命也由最初的不足 9 个月提高到 12 个月以上。

另外，随着劳动力、资源和环境约束等因素不断变化，以人工作业为主的窑炉内衬砌筑方式也将向自动化、智能化发展，以达到切实降低筒体表面温度、实现节约资源、节省能源、减少排放的目的。

河南瑞泰联合水泥企业、高等院校，共同研制开发了集成模块化窑衬节能技术系统，向整体解决方案供应商转变，并实现了耐火材料轻量化、模块化集成技术创新和装配工程智能化等目标，引领了耐材行业现有的产品结构和技术标准。

刘昭表示，单就一个模块化集成技术项目而言，河南瑞泰就申请并授权了专利 10 项，其中发明专利 6 项。

据介绍，“集成模块化节能窑衬”技术系统，使水泥回转窑窑衬使用耐火砖的数量大

幅减少，改变传统安装方式，并提高了模块在回转窑内安全运输和智能化安装的效率。

通过远程APP实现对合作项目现场的实时跟踪、快速响应和及时服务，将互联网技术应用到了工业窑衬施工项目中，顺应了智能化发展需要。

该技术已在洛阳中联5 000天/吨水泥窑等多条水泥生产线上进行了两年多的应用，实现了降低回转窑筒体温度约90℃～130℃，水泥熟料节煤3.0～5.0千克标煤/吨，节电1.5～2.0千瓦时/吨，整窑耐火材料重量减少15%～20%等直接节能效果。

刘昭表示，不仅回转窑运转负荷减小，窑皮稳定，扩径增产，使用寿命延长，施工自动化也大幅缩短了检修时间，有效减少安全事故的发生，将为水泥企业带来可观的间接效益。

（摄影　朱　哲）

案例14 "河南科创板第一股"建龙微纳发力中高端产品

大河报·大河财立方记者　王磊彬

"2020年上半年，受新冠肺炎疫情影响，我们公司生产的医疗保健制氧系列分子筛销售快速增加，该产品营业收入较2019年同期增长了162.40%。"洛阳建龙微纳新材料股份有限公司（下称"建龙微纳"）总裁李朝峰对记者说。

从 1998 年开始创业，到 2019 年 12 月正式登陆科创板，建龙微纳坚持走自主创新之路，其在分子筛吸附剂行业的市场地位、话语权也日渐提升。中国通用机械协会气体分离设备分会数据显示，2017—2019 年，建龙微纳在国内吸附类分子筛领域市场占有率分别为 15.74%、16.92%、18.38%，连续三年位居国内第一。

8 月 27 日，2020（第十六届）大河财富中国论坛特别行动——绿色工厂产融对接直通车走进河南首家科创板公司建龙微纳，了解这个行业隐形冠军背后的成长故事。

加大环保投入，打造循环经济体系

位于洛阳偃师的建龙微纳，是一家主要生产分子筛原粉、分子筛活化粉、成型分子筛和活性氧化铝等产品的新材料公司。产品主要应用在空气分离、钢铁与有色金属冶炼、石油炼化、煤化工、制冷剂、核电等国家重大支柱产业以及氢能源、土壤修复与治理、节能环保、医疗健康等产业。

"作为一家新材料公司，公司深知环保、绿色与可持续循环发展的重要性。"谈起绿色发展经验，李朝峰认为，绿色工厂是一个系统工程，生产工艺、生产流程的现代化以及构建的循环经济体系是绿色工厂的灵魂所在。

正是基于这样的发展理念，建龙微纳拒绝采购被列入国家重点淘汰目录的生产设备，也愿意付出更多成本去采购并推广一些更先进的环保设备，以确保公司在环境、设备、生产流程、产品等方面全流程实现绿色化，推动公司的可持续发展。

"原来的生产设备总费用每套 70 万元左右，而 2019 年引进的新设备的费用为 120 万元。别看价格高些，但新设备使天然气的耗量直线下降，由原来吨产品天然气耗量 200~220 立方米下降至 70~80 立方米。"李朝峰介绍，生产一吨产品可以节约天然气 150 立方米左右，在降低能源消耗的同时，也能为公司大幅降低成本。仅去年一年公司便节约天然气费用 150 万元左右，覆盖了购买新设备的费用。因此，环保投入既是一家企业的社会担当，同时也是一本经济账，整体来看，两者是相互平衡的。

据李朝峰介绍，每年年底，建龙微纳在制定下一年度经营目标时，成本管控被列为一项重要内容，主要围绕电、天然气、蒸汽三大动能降本增效，使得公司在完成工艺改进、设备更新的同时，也实现了绿色发展。

据了解，建龙微纳先后建设了 4 000 吨/天生产废水处理站、450 吨/天 MVR 脱盐水设施、布袋式除尘系统、固体废弃物封闭堆场等环保设施。

通过引进一系列环保设备，工厂里变得整洁有序，车间粉尘大幅降低，整个工厂效能大幅提升，各个设备之间有效衔接，搭建起了整个工厂的循环经济体系。

从原料进厂到最后生产出来成品，整个流程环环相扣。工业生产中的废水、废气、废渣，在经过建龙微纳的绿色工艺流程之后，原料的剩余价值也被“吃干榨净”。

“经过技术升级，建龙微纳掌握了分子筛原粉合成工艺与母液回收工艺，将某些种类的分子筛原粉生产过程中产生的部分母液回收利用，作为其他种类分子筛的原粉生产原料，既减少了排放，又降低了生产成本。”李朝峰说，由环保除尘设备收集的粉尘，还可作为制砖的原材。

目前，建龙微纳正在申请环保引领企业，随着各种配套设施的不断完善和公司管理能力的持续提升，该公司未来还将冲刺国家级绿色工厂。

产品实现进口替代，医疗保健制氧系列产品增速明显

不仅生产工艺流程实现绿色制造，建龙微纳生产的分子筛、活性氧化铝等产品，也同

样达到了绿色产品标准。

据介绍，内部孔径不到 1 微米的分子筛，能吸附“滤”去空气中的氮气等气体，能将“黑石油”变为“亮汽油”，能净化汽车尾气中的有害物质。

此外，在医疗保健制氧系列方面，2020 年上半年，受新冠肺炎疫情的影响，建龙微纳医疗保健制氧系列分子筛销售快速增加，较上年同期同比增长了 162.40%，贡献了营业收入 4 818.40 万元，较去年同期增加了 2 982.12 万元。

李朝峰表示，目前看医疗保健制氧系列分子筛的市场仍属于成长性的市场，2020 年上半年的医疗保健制氧系列分子筛的快速增长，客观上存在短期市场环境因素的影响，深层次也表现出公司厚积薄发所发挥的基石性作用。

据了解，建龙微纳的医疗保健制氧系列分子筛产品历时 6 年，才实现了从实验室到工业化的放大生产，并于 2012 年开始推向市场。

“一个产品从研发培育到市场接受、认可，再到市场需求释放，是一个循序渐进的过程。”李朝峰说。以往国内同类产品全部依赖进口，价格昂贵，随着公司产品的进入，下游厂商的选择主动性和选择成本能动性明显增强。

去年 12 月 4 日，建龙微纳在科创板上市，这是河南首家在科创板上市的企业。资本市场的助力，为建龙微纳的扩产增效、开拓国际市场提供了有力的支持。

据介绍，分子筛作为一种在工业领域起关键作用的新材料，曾长期依赖欧美国家进口，并一度导致国内大型能源化工装备、环境治理工程时刻面临着被国外卡脖子的风险，产品价格和产业链安全也难以得到真正的保障。

目前，建龙微纳生产的深冷空分制氧和变压吸附制氧用产品已实现进口替代，公司主要分子筛吸附剂产品达到国际同类产品性能指标、国内领先水平，并具有与国际大型分子筛企业竞争的能力。

相比国内同行业企业，目前建龙微纳已经具备全产业链生产的优势，在质量稳定性、一致性、市场主动性、成本控制优化等方面具有显著的优势。

“核心技术是企业生存和发展的关键。”据李朝峰介绍，为了保持价值链“金字塔尖”地位，公司牢牢树立“生产一代，储备一代，研发一代”的迭代创新理念，已经形成了以自主研发为主、合作研发为辅的分工明确的研发体系，并与国内外多家高校和科研院所展开合作，先后成立或共同成立了河南省无机吸附材料院士工作站、河南省吸附类分子筛工程技术研究中心、吸附与催化多孔材料产学研联合实验室、河南省吸附材料产业技术创新联盟等技术创新平台，为公司技术创新提供平台支持。

拓展分子筛产品应用领域，业务延伸到催化、环保、生物等领域

对于下一步的发展，李朝峰提出了 9 个字：增品种、提品质、创品牌。

“分子筛的应用领域非常广泛，公司坚持走创新发展路线，以创新发展为中心，持续开发‘专、精、特、新’中高端产品，持续提升公司产品的市场竞争力。”李朝峰说。

据介绍，建龙微纳的募投项目“高效制氢制氧分子筛项目”及“泰国子公司新建项目”，预计将分别在 2021 年 6 月、2021 年年底为公司增加合计 21 000 吨的成型分子筛产能，届时可以进一步扩大产能，丰富公司产品品类，为公司长期发展战略提供支撑。

“在研发方面，建龙微纳计划在通过现有产品迭代开发和保持竞争优势的基础上，不断加大研发投入，拓展煤制乙醇、煤制丙烯、钢厂烟道尾气与柴油车尾气脱硝等专用分子筛催化剂应用新领域，为公司未来快速发展培育新的利润增长点。”李朝峰说。

以建龙微纳在研项目“柴油车尾气净化用分子筛催化剂”为例，其主要用于柴油车尾

气脱硝，使尾气中有害氮氧化物转化为氮气和水，可满足机动车国六标准排放要求。目前，该产品处于中试和客户测试阶段，随着该研发项目的推进以及募投项目的落地实施，该产品推向市场的进度有望进一步加快。

此外，建龙微纳还在煤化工领域的分子筛催化剂方面进行了研发和试验，并已经储备了 HEU 型煤制乙醇分子筛催化剂、煤制丙烯分子筛催化剂和柴油车尾气脱硝催化剂等产品。

根据国际咨询公司 TechNavio 的统计，2019 年全球分子筛市场容量为 15.78 亿美元；到 2023 年，市场容量将增长到 20.1 亿美元，复合增长率达到 6.24%，呈稳步增长趋势，发展空间巨大。

"未来，通过一系列发展战略的有效实施，进一步完善产品结构，公司业务将从吸附领域延伸到催化、环保、生物等新兴领域，从而实现公司的持续健康发展。"李朝峰说。

（摄影　朱　哲）

案例 15　远东传动生产线绿色升级，年节能降耗超 5 000 万元

大河报·大河财立方记者　贾永标

许昌市魏文路与昌盛路交会处附近，一片蓝色的厂房整齐地分布在这里，过往车辆来来往往，但或许没有人注意到，全国超过一半的商用车传动轴及零部件都产自这里。

这是一家始建于1953年的老工厂，2010年在深交所中小板上市。过去十年，许昌远东传动轴股份有限公司（以下简称远东传动）在聚焦主业的同时，更注重生产线的智能化提升，特别在绿色制造方面走在了行业的前列。

“目前公司年平均节能降耗创效在5 000万元以上。”远东传动证券部部长张鹏提到的这个数据，便是该公司绿色升级成效的最好见证。为了探寻远东传动的“绿色密码”，2020年9月初，2020（第十六届）大河财富中国论坛特别行动——绿色工厂产融对接直通车来到工厂实地解密。

将传动轴进行到底，旗下品种超过8 000个

从郑州主城区驱车向南沿机场高速、京港澳高速行驶约1个小时，即可抵达曹魏故都许昌。正是在这片古老而又充满活力的热土上，崛起了中国传动轴行业的龙头企业远东传动。

踏进远东传动的大门，一块巨大的展牌上印着密密麻麻的品牌，北汽集团、江淮汽车、长安汽车、长城汽车、宇通集团、三一集团等一批知名汽车集团赫然在列，它们都在远东传动的“朋友圈”里。

“公司拥有9个全资子公司，主导产品涵盖了轻微型、中型、重型和工程机械四大系列8 000多个品种，国内整体市场占有率达52.5%，是全国90%以上的主机厂的核心供应商。”张鹏介绍，远东传动产品直接或随整车出口至北美、南美、欧洲、东南亚、中东等地区，新开发的特装重卡传动轴总成取代了美国DANA、日本NTN等国际知名品牌产品，填补了国内空白。

这样一家专注传动轴行业的细分领域冠军，近年来在业绩方面也释放着蓬勃的活力。数据显示，2017—2019 年，远东传动年均销售增长率 7.47%，利润增长率 21.43%。

截至 2020 年 7 月底，该公司产值同比增长 24%，营业收入同比增长 18%，利润同比增长 34%。面对宏观经济下行压力增大，外贸出口形势严峻、疫情防控常态化等多重压力，多项经济指标实现了逆势增长。

究其背后原因，持续加码科研创新或是关键词之一。据了解，远东传动每年科研经费投入都不低于销售收入的 4%。截至 2019 年底，公司拥有各类有效专利授权 262 项（其中发明专利 25 项，外观专利 24 项，实用新型专利 213 项），并获得软件著作权 4 项；其中花键尼龙涂敷技术，产品性能达到国外同类产品先进水平，无故障运行由 10 万千米提高到 30 万千米，曾获“中国专利十年成就金奖”。

绿色升级效果明显，年节能降耗收益超 5 000 万元

“2013 年公司投资近 1 亿元承担了国家产业振兴和技术改造项目‘高端汽车传动轴智能调质生产线节能技术改造’，2017 年公司又投资 1.5 亿元实施了河南省重大科技专项‘节能与新能源汽车等速驱动轴研发及智能制造技术应用’。”张鹏说，上述两个项目的成功实施，使远东传动的节能减排工作收到了良好的效果，年平均节能降耗创效在 5 000 万元以上。

资料显示，传动轴是一个高转速、少支承的旋转体，传动轴是汽车传动系中传递动力的重要部件，它的作用是与变速箱、驱动桥一起将发动机的动力传递给车轮，使汽车产生驱动力。为了更好地保障品质生产，2012 年，远东传动开展了清洁生产审核，为清洁生产提供了更好的环境。

张鹏还介绍，根据国家产业政策和自身需求，远东传动自 2014 年开始实施智能化改造，累计投资超过 6 个亿的资金，从德国 EMAG、EFD、SCHENCK，美国 HARDINGE，日本 MAZAK 等多家公司引进智能化高端设备，目前已改造和新建智能化生产线 80 多条，逐步实现机器换人、设备换芯、生产换线的目标。

大河报 · 大河财立方记者在远东传动新厂区见到了上述生产线，明亮的厂房与高颜值的机械设备让人耳目一新，一个个传动轴零部件从这里诞生，发往汽车主机厂，为整车服务。

值得一提的是，该公司作为第一起草单位主持制定的国家标准《传动轴 T 型端面齿》（GB/T33520-2017）现已颁布实施，该标准的制定，实现了与国际标准接轨，填补国内空白，为行业提供统一的制造规范，促进商用车传动轴的技术进步，带动了传动轴产业升级，极大提升了企业的国际竞争力。

发力等速传动轴，拓展业务新蓝海

在商用车传动轴领域，远东传动已经占领了主要的主机配套市场。大河报·大河财立方记者在走访中也了解到，目前，该公司已经向应用于乘用车的等速驱动轴领域发力，希望开拓业务新蓝海。

据悉，目前国内从事等速驱动轴生产的厂家主要为上海纳铁福公司、万向钱潮公司等。然而生产规模大、中高端等速驱动轴的生产厂家极少，因此远东传动将凭借50多年丰富的传动轴研发、生产、销售经验，以及拥有国际最先进的生产设备、工艺、检测技术等优势，致力于弥补此项国内市场空白。

数据显示，目前国际国内乘用车市场仍然是以传统燃油车为主，截至2019年，国内乘用车销量为2 144.4万辆，而新能源汽车销量仅为120.6万辆。

“公司通过引进国外最先进的生产和检测设备，已建成高端等速驱动轴智能生产线，具备了向国内国外乘用车客户配套供货的能力，为适应市场发展趋势，新能源乘用车也会是公司努力主攻的方向。目前国际高端品牌的汽车项目和国内主流的乘用车项目均在分步实施，有序推进。”张鹏说。

张鹏还告诉大河报·大河财立方记者，未来远东传动将坚持“制造智能化、产品高端化、市场国际化”发展战略，与国际市场接轨，进一步提高产品在欧美市场的占有率。同时稳步落实兼并重组、行业整合、合资合作、海内外并购等业务，不断做大、做强、做精公司主营业务。

（摄影　朱　哲）

依靠一束小电线，天海环球发展成年产值近 10 亿元的大产业

大河报・大河财立方记者　陈玉尧

坐在汽车里，大多数人都不会注意到电线束的存在。它们隐藏在车身钣金和内饰的狭小空间中，不显山露水。然而，这毫不起眼的汽车电线束，却拥有着上千个零部件，在电源、开关、电器和电子设备之间传递电信号，被称为汽车的神经系统。

2020 年 9 月，2020（第十六届）大河财富中国论坛特别行动——绿色工厂产融对接直通车走进鹤壁天海环球电器有限公司（以下简称天海环球），探索这家省级绿色工厂如何依靠一束小小的电线，发展出年产值近 10 亿元的大产业。

智能化生产全流程覆盖，生产周期缩短 34%

天海环球位于鹤壁市国家经济技术开发区，距离《诗经・卫风》中“淇水汤汤，渐车帷裳”“瞻彼淇奥，绿竹猗猗”的淇水直线距离不到 6 千米。如今，这里正加速打造河南汽车电子电器与新能源汽车产业基地。

在天海环球的智能化生产车间，橙色的无人驾驶车辆将物料自动配送至生产线。随着自动化设备的有序运行，一条条电线束被不断生产出来。

据了解，天海环球隶属于国内最大的汽车连接器研发生产企业——天海集团，主要开发生产汽车电线束、电瓶线、空调电线束、汽车座椅电线束、发动机线等。2019 年,天海环球营收规模达 9.76 亿元。

据运营总监马良介绍,天海环球现拥有全自动下线机、电瓶线半自动下线机、超声波焊接机、自动装配流水线等多套智能生产设备。

在天海环球的车间,记者很少看到工人,更多的是自动运载车辆和智能机械手臂在不停工作。“原本十几个人操作的生产线,经过智能化改造,现在 1 人即可完成。”马良表示。

智能化生产设备背后,还有看不见的智能化规划。

据了解,天海环球采用智能生产管理系统终端 MES 系统,可实现计划排程管理、生产工艺参数管理、追溯防错管理、运行数据接入等主要生产模块。

“操作工人每天需要做哪些工作、使用哪些参数,系统都会自动显示,指挥工人操作。”马良表示。

同时,生产故障停机、电子看板目视化等技术,可有效提升生产效率和产品品质,实现生产流程可追溯管理。

记者注意到,操作台的质量检测仪器均连接着电脑。

马良告诉记者:“通过电子化千分尺、一体化压接质量分析仪等电子仪器,可实现对检验样件的切割、研磨、侵酸、拍照、自动化生成测试报告一体化完成,并将监测数据自动上传、判定、存储,实现数据防错和质量追溯,提升检验效率。检验员无需任何纸笔记录且不能修改检验数据。”

“同时,物料、质量等生产数据也都会自动上传系统,既可以及时解决问题并完成问题追溯,还收集了生产大数据,可以借此制订下年度生产计划。”他说。

记者了解到，目前天海环球采用智能化生产全流程覆盖、智能化信息化流程管理的思路进行智能化改造，使生产效率提升 19%、生产周期缩短 34%。客户提出的个性化需求，当天即可完成样品生产。2019 年，天海环球入选首批河南省智能制造标杆企业。

采用绿色生态设计，从源头上节能减排

现代化的制造业车间，不仅需要智能化，还需实现绿色化。

马良告诉记者，天海环球生产工厂在建设之初，即考虑了节能设计，充分利用自然通风、采光，以降低能耗。

同时，天海环球还引入了 ISO50001:2018 能源管理标准、ISO14001:2015 环境管理体系等，通过管理体系特有的日常监测与测量、内审核及管理评审，主动及时地发现问题。

随着能源体系的建设，天海环球策划定额管理，借助能源管理系统对能源消耗实时监控。加强节能效果方面的评估并及时修订相关技术档案资料和能耗定额，以保持节能效果。

"日常生产中，天海环球通过对空压机、热泵机组、叉车、循环水泵等通用用能设备加强运行参数监控，以保证设备处于经济运行状态。"马良举例称。

资源投入上，天海环球采取了报废收集、电线包规范拆除、自动机异常反馈、工艺装备更新等措施，减少浪费，提高资源利用效率。

同时，天海环球运用生命周期理论，从源头上控制有害物质的使用，促进报废产品回收再利用。

"之前端子焊接主要采用的是锡焊，焊接过程中会产生重金属污染，对员工身体有害。"马良告诉记者，"现在天海环球生产线采用超声波端子焊接机，为无原料焊接技术，不仅焊接制品性能更优良，同时还没有任何污染物排放。”

生产过程之外，天海环球在产品设计源头，就采用绿色生态设计，通过使用清洁的能源和原料、采用先进的工艺技术与设备、改善管理等措施，从源头提高资源利用效率，减少或避免生产、服务和产品使用过程中污染物的产生和排放。

“在产品设计过程中，我们考虑了轻量化设计，减少金属硼的使用，降低产品在汽车整体重量的占比，一方面节约原料，另一方面节省汽车运行时的能耗。”马良说，“同时，产品的每个零部件均采用环保产品，保证没有有害气体释放”。

2020 年 11 月，河南省工信厅公布河南省第五批国家级绿色制造名单，天海环球被认定为省级绿色工厂。

外贸受阻，带来国内市场机遇

天海环球的办公楼大厅正中立着一个牌子——“创国际化品牌、做世界级企业”。

作为天海集团的国际业务系统子公司，天海环球出口业务占比一度超过 80%，产品远销美国、墨西哥、巴西、澳大利亚、意大利等国家，并在美国底特律、意大利都灵、澳大利亚墨尔本设立销售代理。通用汽车、克莱斯勒、菲亚特等国际知名公司均是其主要客户。

近两年，受中美贸易摩擦、疫情影响，天海环球的出口业务受到波及。但在天海环球副总经理赵彦东看来，这是天海环球扩大国内市场的一次机遇。

“贸易摩擦和疫情影响国内出口的同时，也减少了国内主机厂对进口零部件的依赖。这就给了国内零部件供应商占领市场的机会。”赵彦东表示。

为此，天海环球及时调整战略，加码国内市场。

赵彦东告诉记者，天海环球主要通过工程能力、产品质量、成本优势等方面赢得国内客户信任。

天海环球依附母公司天海集团，其主营产品线束中用到的电线、橡胶件等零部件，均由集团内兄弟企业生产，产业链完整使其拥有较大的成本优势。

在赵彦东看来，线束行业的竞争力主要在技术、成本和质量都依赖于设计能力。“特斯拉汽车线束使用量很少，正是通过模块化、集成化设计，在功能不减少的前提下，减少了线束的使用，降低了生产成本。”

为此，天海环球注重研发投入，每年研发支出占营收比重达4%~5%。

目前，天海环球的国内业务主要定位高端汽车品牌，蔚来汽车等均是其线束战略合作企业。

（摄影　朱　哲）

案例17 钛白粉龙头企业佰利联再布新棋局

大河报·大河财立方记者 王磊彬

钛白粉产销连续多年全国第一、中国最大的全产业链氯化法生产基地……作为钛白粉行业里的龙头企业,河南佰利联新材料有限公司(以下简称佰利联新材料)坚持绿色发展理念,以技术创新驱动企业发展,并一步步成长为中国最大的钛白粉生产基地。

9月14日,2020(第十六届)大河财富中国论坛特别行动——绿色工厂产融对接直通车走进龙蟒佰利联集团(以下简称龙佰集团)旗下企业佰利联新材料,探寻这家中国最大的钛白粉生产企业的成长之路。

钛白粉国内销量第一,钛产业绿色发展技术打破国外垄断

位于焦作市的龙佰集团,是一家主营钛、锆产业链深度整合及新材料研发与制造的大型化工企业集团,于2011年在深圳证券交易所上市。

集团旗下的全资子公司佰利联新材料成立于2016年5月,主要生产钛白粉,其产品不仅国内销量第一,而且还远销亚、非、拉美、欧洲的一百多个国家和地区。

佰利联新材料生产运行部副部长张高峰告诉记者,整个集团始终把技术创新与绿色发展摆在重要位置。现如今,绿色循环经济在不断扩宽佰利联新材料绿色高质量发展之路的同时,也成为集团绿色发展的重要支撑。

据了解,钛白粉有硫酸法和氯化法两种工艺,而氯化法是世界公认的最先进的钛白粉清洁生产工艺。在龙佰集团的引导下，近几年来佰利联新材料大胆尝试，积极探索，最先掌握了氯化法钛白技术的主动权，在生产中成功实施并深入推广。

对于龙佰集团技术的影响力，集团董事长许刚自豪地说：“我们敢为天下先，成为国内首家成功实施氯化法技术企业，打破了国外几十年来的技术垄断，填补了行业空白，成为中国钛产业绿色发展的领军企业。”

大河报 · 大河财立方记者了解到，与传统硫酸法工艺相比，氯化法技术更加绿色环保，废渣排放量减少了 80%，综合节能 30%，节水 50%，环境效益非常显著。同时，产品品质也得到提升，性能达到了进口标准，打破了外企的垄断，得到了市场的认可。

“公司针对氯化法钛白粉生产技术累计投资 30 亿元，一期 10 万吨/年、二期 20 万吨/年，两期项目分别于 2016 年底、2019 年 5 月均实现竣工投产。”张高峰说，这对于提高公司钛白粉产品的市场竞争能力、提升国内钛白粉的整体质量水平有着重要意义，进而引导国内钛白工业技术向资源利用率高、产品质量好、三废排放少的氯化法发展。

据了解，龙佰集团现已形成“钛精矿、还原钛、高钛渣、钛白粉、海绵钛”的完整产业链，建成了中国最大的全产业链氯化法生产基地，开了中国大型沸腾氯化法钛白粉生产的先河。

申请专利 118 项，构建低成本、低消耗、零排放绿色高质量产业体系

除了氯化法之外，龙佰集团还首创实施了“硫氯耦合”绿色制造技术，同样也对行业发展产生了重要影响。

据介绍，“硫氯耦合”绿色制造技术采用纵向垂直一体化和横向耦合协同的生产模式，拥有从钛矿开采、精矿加工、钛渣冶炼、硫酸法和氯化法两种钛白粉全流程生产工艺，使钛白行业硫酸法和氯化法两大工艺实现“耦合联产、共生共荣”。

该技术的有效实施，使电石泥用量大幅减少，减少 COD 约 75%，降低钛石膏排放量 70%，减少排水 40%~50%。

“硫氯耦合”绿色制造技术能大幅降低氯化法钛白粉生产成本，是解决当下“硫酸法固废多、氯化法成本高”业界难题的创新成果。在“硫氯耦合”的技术驱动下，龙佰集团最终构建形成以钛白粉为基础，钛合金及“钛、锆、钒、铁、钪”等元素综合利用的低成本、低消耗、零排放的绿色高质量产业体系。

2019 年 7 月 18 日，国家工信部公布 2019 年绿色工厂名单，佰利联新材料荣登此列，这是我国绿色制造领域的最高荣誉。成功入围“国家级绿色工厂”，不仅为佰利联新材料争取到省先进制造业发展专项资金 200 万元、市财政奖励 100 万元，而且还享受绿色信贷等扶持政策，同时，对于新、改、扩建项目还享有省重点项目立项、备案、环评审批等绿色通道待遇。

“创建绿色工厂是佰利联新材料构建绿色制造体系的关键一环，对于促进整个集团绿色发展具有重要的示范引领作用。”张高峰说。目前公司获得专利 118 项，接下来将在“厂房集约化、原料无害化、生产清洁化、废物资源化、能源低碳化”的绿色工厂总体框架下，创新管理、求新发展，持续推进绿色可持续发展。

从产业大企迈向产业强企，打造具备国际一流竞合能力大型化工企业

自氯化法技术成功投产后，龙佰集团以此为样板快速推动产业向绿色高效转型升级。

2019 年，龙佰集团收购云南新立钛业，并在短短几个月内实现其生产线的高效复产。2020 年上半年，集团分别与金川钛业、攀枝花市政府、钛康公司达成战略合作，在共同关注领域强化深度合作，以项目拓展实现共赢。

目前，龙佰集团已拥有佰利联新材料和云南新立钛业公司两大氯化法生产基地，年产能超 40 万吨，占公司总产能的 40%以上。

据了解，钛白粉的下游应用中，涂料约占 60%、塑料约占 16%、造纸约占 10%，其他领域约占 14%。综合来看，钛白粉下游市场近四分之一与房地产行业相关。

据财务数据显示，2019 年，集团全年实现营业收入 114.20 亿元，同比增长 8.20%；实现净利润 25.89 亿元，同比增长 13.29%；纳税 13.21 亿元。2020 年上半年，实现营业收入 63.53 亿元，同比增长 17.99%；实现归母净利润 12.93 亿元，同比增长 1.84%。

龙佰集团计划三年内通过内部项目拓展和资本市场扩张两条腿走路，形成 150 万吨/年的钛白粉生产能力，基本实现“大纵深整合中国钛及钛相关领域上下游产业链”的目标。同时，力争 2022 年钛白粉产销规模突破 100 万吨，综合营收达 300 亿元，股票市值上新的台阶。

据介绍，龙佰集团将在“钛锆共生、绿色发展”理念指引下，持续进行钛、锆产业领域纵向一体化和横向循环化的探索实践。同时积极拓展“钒、铁、钪”等钛衍生品领域，完善绿色大循环产业链。

未来十年，龙佰集团将形成以钛白粉业务为中心，钛合金业务、钛衍生品业务和钛行业绿色工程技术咨询业务互动循环的多元化产业结构，实现钛白粉 250 万吨的市场控制能力，预计公司年销售收入达 800 亿元，利税超 100 亿元，打造具备一流国际竞合能力的大型化工企业集团，成为中国化工行业实现绿色高质量发展的典范。

（摄影　朱　哲）

案例18　上市计划已启动，卫华股份加快转型升级步伐

大河报·大河财立方记者　吴春波

驱车从大广高速长垣站下车，右转不到两分钟的路程，就可以看到卫华集团已经建成投产的智能起重装备产业园，在这个花园式的工厂内，周围遍布草坪和绿树，在厂房内，工业机器人切割、焊接产生的烟尘由烟尘净化处理设备吸走，进行集中处理。

据介绍，这座智能化、绿色化工厂隶属于卫华集团旗下的河南卫华重型机械股份有限公司（以下简称卫华股份）。按照卫华集团总裁俞有飞的说法，新的智能化起重设备工厂项目占地近1 200亩，总建筑面积76.7万平方米，将为集团未来5~10年的持续增长奠定基础。

2019年9月份，卫华股份成功入选国家级绿色工厂。而在这之前，卫华还相继获得了“全国制造业单项冠军示范企业”“全国质量标杆”称号。

绿色制造活水清如许，只因“智能化”内核

长垣地处黄河的“豆腐腰地段”，属于典型的黄河滩区，地上无资源，地下也没矿藏。然而，靠着一股子不甘受穷的韧劲，长垣走出了一条独特的工业发展之路。

20世纪80年代，一系列的起重机企业发轫于长垣，并在30年之后占据中国起重机行业半壁江山，其中仅卫华集团所占的全国市场份额比重就达到30%。

如今，在32年发展的基础上，卫华集团又提出了开展绿色化、智能化、定制化和网络

化 4 个发展方向，加快企业创新发展及转型升级步伐。

俞有飞告诉记者，卫华集团将绿色发展贯穿于生产设计、生产制造、经营管理的每一个环节，从传统起重机的制造发展模式，向绿色化发展。而卫华智能起重装备产业园，则是绿色化的体现。

“卫华智能起重装备产业园一期、二期厂房于 2019 年 3 月 29 日正式开工建设，仅用 10 个月时间就建成竣工投产，目前已经满负荷生产。”俞有飞告诉记者，企业订单增长较快，生产压力比较大。

卫华集团工作人员表示，智能化项目的推广为厂内仓储物流、生产装配、检测各环节自动化与智能化的全面覆盖，可实现一小时下线一台双梁起重机，并实现产品混装加流水线的高度柔性化生产。

智能化大幅提升了卫华集团生产线的效率。“生产效率提高 80%，一条生产线从 50 人减少到 10 人，生产周期降低 70%。”

俞有飞表示，得益于两化融合带来的生产线水平升级，卫华智能起重机产业园不仅提升了卫华股份的产品创新能力和生产效率，也将为卫华未来 5~10 年的发展奠定基础。

绿色制造是新兴智能生产线重要特征之一。以机械制造业最常见的废气、废漆为例，通过绿色设备的使用，卫华智能新生产车间生产过程产生的喷漆废漆捕捉率达到 95%以上，废气处理效率达到 98%以上，VOC 废气经达标后排放，漆渣交由危废处理公司集中处理。

据介绍，通过集中输漆系统、自动喷涂系统及空调循环风技术工艺的应用，卫华集团有效降低线体水、电、气能耗 15%左右。

截至目前，卫华股份已拥有 6 条这样的智能化涂装作业生产线，从源头、过程、末端开展排放物治理，实现产品涂装的智能化、绿色化。

俞有飞告诉记者，目前卫华智能起重产业园三期项目已经在建，该项目达产后，整个产业园产能将达到10万台设备/年，形成销售收入规模超过100亿元。

技术创新带来“差异化”，带动下游企业绿色发展

卫华集团由企业家韩宪保于1988年创立，是长垣当地最早的起重机企业之一，目前已发展成为国内起重机行业的龙头。

卫华集团是目前国内起重行业最具竞争力的企业之一，全国制造业单项冠军企业，位居中国机械工业百强第31位，并于2019年实现营收137.41亿元，实现利润总额5.87亿元。

在技术研发方面，卫华先后承担一项国家“863计划”、四项“国家科技支撑计划”、两项“国家火炬计划”项目，拥有授权专利900多项；先后获得省、部级科技进步奖项94项；获政府鉴定科技成果93项，其中国际领先1项、国际先进5项、创造世界纪录1项。参与国际、国家、行业、地方、团体标准115项。

俞有飞告诉记者，在过去的几十年间，卫华集团几乎每年营收增长都超过30%，即便受到新冠肺炎疫情的影响，卫华集团2020年前9个月营收增长依然达到35%。

“持续的、强力的技术研发投入，是卫华集团在市场上实现持续、快速发展的关键。”俞有飞说。持续的技术创新让卫华集团2004年就开启了差异化发展战略，在技术领先对手，在产品上超越对手，从卫华制造向卫华创造转变，从卫华产品向卫华品牌转变。

据卫华集团提供的数据显示，在研发资金方面，卫华集团每年用于研发的费用占企业全年销售收入的4%左右。在研发人才方面，卫华集团组建了以中国科学院院士杨叔子、中国工程院院士张铁岗为带头人的600余人的科技研发团队，其中在站院士2名，教授级高工29名、博士后14名、博士和硕士200多名。

俞有飞认为，良好的资金支持，确保了卫华集团科技项目的有效实施，而一定规模的高质量研发队伍则为卫华企业持续创新提供了良好的技术环境。

得益于良好的研发体系，卫华不仅在市场方面显得游刃有余，也成功见证了神舟系列飞船发射、天宫系列探测器成功飞天等大国重器的高光时刻。

在绿色产品研发方面，卫华集团承担了两项国家科技支撑计划：轻量化桥式起重机推广应用技术研究、桥式起重机轻量化共性技术研究；1项国家火炬计划：起重机轻量化技术研究。其中轻量化桥式起重机推广应用技术研究已经形成了标准化、系列化产品。卫华轻量化桥式起重机关键产业化技术列入《国家工业节能技术装备推荐目录(2019)》，卫华则入选工信部的国家级绿色工厂。

相比于传统起重机，新技术实现自重、高度、综合能耗降低15%~30%，能有效降低厂房高度、造价及综合能耗。另外，智能化的设计，也让起重机成为一个物料搬运机器人，最典型的案例就是全自动防摇摆起重机和全自动垃圾处理起重机。

已启动上市计划，目标A股主板

进入资本市场，是很多制造业企业实现品牌提升和发展转型的关键，而卫华集团的上市计划也在2019年初正式启动，目标为A股主板。

据介绍，卫华集团 2018 年 6 月份就正式将 A 股上市提上议程，在经过广泛、深入的调研和专家论证后，于 2019 年 1 月份正式启动上市筹备工作。

2019 年初，卫华集团宣布新年三大工程，分别为力推卫华股份上市、完成卫华智能起重装备产业园建设及梳理培养高利润、高附加值和高技术含量新兴产业。其中推进卫华股份登陆主板上市成为首要任务。

而此时，卫华集团的品牌价值也达到 71.9 亿元。董事长韩红安表示，推动卫华股份上市也是卫华集团提升品牌知名度所迈的一大步。

2020 年，卫华集团梳理、培育高技术含量新兴产业的计划，也在经过一年的发展和孕育后结出丰硕果实。

在智能装备领域，卫华集团研发的智能立体停车库，在北京、新乡等多个城市投入使用，为智慧城市建设和解决停车难题贡献卫华方案。同时，卫华还自主研发生产了消防机器人、排爆机器人、巡检机器人、消毒机器人等四大系列、八款产品，广泛适用于石油化工厂、消防、电力、高危排爆等危险场所。特别是新冠肺炎疫情发生后用 14 天时间研发出消毒机器人产品，在疫情防控期间发挥了重要作用。

而在工业互联网平台方面，卫华集团利用“互联网+”技术，以数据流、信息流为核心，率先建立起重机大数据中心和云服务平台。

利用该平台，卫华集团实现起重设备产品设计优化、远程监控、故障诊断、预测性维护、远程运维服务应用，打通技术研发和产业化链条，实现起重装备的全生命周期管理，这也让卫华集团从制造产品为主的工程承包商转身成为远程运维商。

在 2020 年 9 月 4 日工信部办公厅公布的支撑疫情防控和复工复产工业互联网平台解决方案中，卫华集团基于自身工业互联网平台的“物流装备远程运维服务解决方案”入选。

俞有飞介绍,卫华集团大数据中心累计接入的各类设备覆盖国内 29 个省级行政区域及东南亚,用户涉及机械机电、石油化工等 13 个行业、121 家企业单位,将生成精准的“起重机指数”,为宏观经济形势分析提供重要支持。

此外,卫华集团高度重视与银行业的良性交流与合作,俞有飞表示,希望郑州银行能够在卫华集团新兴产业方面给予更多支持。

2020 年 10 月 15 日,卫华在“第六届中国. 长垣国际起重装备博览交易会”发布“长垣起重机指数”。

“长垣起重机指数”通过国内各省区 60%的起重机实际作业数据,反映制造业工厂内的开工率和生产活跃度,是经济发展形势的晴雨表。2020 年,指数已从 2 月份的 106. 4 上升到 9 月份的 167. 21,表明疫情之后中国经济复苏态势明显。

(摄影 马腾飞)

案例 19 智能制造引领绿色发展,中集华骏销量连续 19 年全国第一

大河报·大河财立方记者 吴春波

说到驻马店市,你第一个想起的是什么?十三香、嵖岈山?

尽管重工业基础相对薄弱,但在智能制造、绿色制造领域,驻马店却并没有缺席。一家扎根当地 68 年的半挂车辆生产企业,不仅被认定为“河南智能制造工厂”,还在 2018 年被工信部认定为“国家级绿色工厂”。

驻马店中集华骏车辆有限公司（以下简称中集华骏）是一家半挂车辆生产企业。在中集华骏的灯塔工厂内部，记者很少看到忙碌的工人，也几乎看不到传统半挂车生产企业常见的烟尘。由四台激光切割机组成的工作组，将原料钢板切割成为“构件”，绝大部分的焊接工作由工业机器人在密闭空间完成，而切割和焊接产生的烟尘则由相应的新风系统统一抽走，集中处理。

另外，由于半挂车辆的涂装环节使用了“电泳+喷粉”这种生产轿车才会用到的工艺，物料使用更加充分，也杜绝了传统油漆带来的固体废料和挥发性污染。

智能制造大幅提升生产效率和产品品质

在中集华骏的灯塔工厂内部，整个生产系统就像一个大型的机器人一样，根据程序的指令，自动完成整个半挂车辆生产程序中大部分制造任务。

工作平台根据任务分配自动从钢材库中抽取相应的钢材，“喂”到一个由四台激光切割机组成的工作组，然后由四台激光切割机将钢材切割为需要的形状，再通过工作平台系统将已切割好的构件运出，同时“喂”进下一批钢材。已切割好的构件，将通过运输系统送至分拣平台，然后由两位工人对这些构件进行分拣。

中集华骏灯塔工厂总经理洪光表示，相应的程序都是离线编程完成，然后通过网络传输进入中集华骏的中控系统，最后再由中控系统给各个激光切割机、AGV 小车和焊接机器人自动分配程序或任务，完成半挂车车架的精准制造。

根据不同的任务分配，原料分拣工作系统会从钢材库的不同层级自动抽取不同的钢板，不需要工人在现场辅助分拣。整个程序执行之后，半挂车辆上需要的大部分钢材构件就已经生产出来，然后通过 AGV 小车将这些构件送至相应的位置由工业机器人进行自动焊接。

洪光介绍，与 AGV 一起配合使用的还有定位机。AGV 负责将构件运至相应的位置，而定位机则负责将构件放置在最合适的位置，再由焊接工业机器人进行相应的焊接。构件焊接的位置，一定程度上决定了焊接的质量。

实际上，看似流畅的智能制造系统要高效地运行起来，其实并不容易，企业除了要根据订单要求转化成为生产流程的程序，还要在设计端尽量实现相应构件的标准化，持续提升标准化构件在整个半挂生产中的占比。

中集华骏总经理郭喜洲表示，智能制造系统不仅大大降低了员工的劳动强度，也大幅提升了企业的生产效率和产品品质，采用激光切割的误差只有 0.2 毫米。

“在灯塔工厂里面，全部采用激光切割、自动上下料、机器人焊接，传统半挂车辆生产过程中的来料加工和起吊加工等情形全部消失，员工的安全系数也大大提升。”他说。

用生产轿车的工艺生产半挂车辆

通过机器人下料和焊接，一辆半挂车辆的主体结构已经成型，在这之后需要进行的一道工序就是涂装。

在传统的半挂车辆生产方式中，焊接好的车架需要先经过清洗，将焊接过程中沾上的尘埃洗去，然后进行油漆涂装。这两个环节也一直都是半挂车辆生产容易出现污染的环节，尤其是涂装环节。

据介绍，传统的涂装环节，由于技术本身的限制，油漆的有效使用率一般都不到 50%，大量的油漆会滴落地面形成固体垃圾，经济特性比较差。而且由于油漆本身含有甲醛等物质，对人体的伤害比较大，易挥发的特性也使其污染周边的空气。

为防止油漆挥发污染大气，以前工厂在涂装环节多会使用催化燃烧装置，将挥发出来的有害气体进行催化燃烧处理，以降低危害程度。

但在中集华骏的灯塔工厂内部，完全是另一幅场景：经过清洗后的车架直接进入电泳池子，通过电泳的方式在车架表面形成一层 20～30 微米的保护膜，然后再通过喷粉的形式给车架完成最后的涂装。

洪光向记者介绍，这种喷涂工艺以前只用于小轿车，但是中集华骏将其成功引入到半挂车辆上，不仅使得整个喷涂工作环境更加安全，粉状的水基涂料杜绝了传统涂装的死角，而且涂料的使用率也高达 95%以上，表现出较好的环境友好特性。

据介绍，一副车架涂装需要的时间大幅减少，每 8 分钟就有一辆涂装车辆下线，涂装质保年限也由原来油性漆的 2～3 年提升至 5～7 年。

据中集华骏母公司中集车辆提供的数据显示，灯塔工厂能够替代约 45%的人工，生产效率可提高 66%，物流效率提高 90%，可实现 VOC（挥发性有机化合物）的零排放。

洪光表示，得益于两化融合标杆项目灯塔工厂的建设，中集华骏不仅在智能制造方面走在了行业的前列，更是将生产轿车的工艺导入半挂车辆生产中，实现生产过程绿色化的同时也大幅降低了劳动强度，人均产值获得大幅提高。

未来将致力于“专用车”高端制造

成立于 1952 年的中集华骏，在加盟中集集团之后迅速发展成为国内规模最大的专用汽车生产厂家之一，其主导产品半挂车的产销量连续 19 年位居全国同行业之首，自卸车的产销量连续多年位居全国同行业前三名。

技术方面，截至目前，公司拥有各项专利 330 余项，其中发明专利近 40 项。公司持续不断在研发和产品创新方面的投入，确保了公司产品在市场上的引领地位。

2017 年，中集华骏启动了其灯塔工厂的建设，并于 2018 年 12 月份实现全线贯通，实现了产品及生产线涉及数模化、制造自动化、管理数字化和绿色环保化。

所谓“灯塔工厂”，实际上就是利用数字化、网络化、自动化和绿色环保的技术，实现企业内部的万物互联，对企业的生产、制造流程和交易流程进行重塑，实行运营系统的创新和敏捷性提升，并引领行业发展趋势。

2018 年，中集华骏被工业和信息化部认定为“国家级绿色工厂”，被河南省财政厅和工信委认定为“河南省智能制造工厂”。

与此同时，智能制造的推进，也带动了企业信息化与制造本身的深度融合。

郭喜洲说，通过一系列先进的数字化和信息化设备，中集华骏也实现了工厂内部的万物互联，企业负责人和工人在办公室，就可以随时看到每一道工序和设备的运行情况，可及时了解到作业效率、资源效率等实际状况，现场管理人员也能够及时地对工作安排做出调整。

良好的智能制造渗透水平，也让中集华骏面对疫情影响时显得更加游刃有余。2020 年前 8 个月，中集华骏车辆销售 2 万台，实现工业产值及营业收入同比增长均超过 10%。

2020年，中集集团提出了“高端制造”的规划理念，对智能制造和绿色制造提出了更高的要求，而要承接这一理念，中集集团在产线升级和产品创新等方面也需要进一步的提升。

与此同时，随着《中国制造2025》的深入落实，智能制造、绿色制造逐渐成为国内专用车生产的发展趋势，规模以上专用车生产企业也将面临市场竞争进一步加剧的挑战。

郭喜洲则表示，中集华骏下一步将加大产品线的升级改造投入力度，加快节能、环保的自动化和智能化设备的替代步伐，努力实现专用车高端制造新突破，当好专用车行业发展的排头兵，持续引领国内专用车生产企业迈向绿色发展的新高地。

据介绍，中集华骏曾与郑州银行有过合作，双方建立了良好的合作关系，进一步的合作正在积极对接中，有望再度成为当地“银企合作”新标杆，相互赋能、共谋发展。

（摄影 朱 哲）

案例20 创始人矿工起家，铁福来造出“国家级”高端装备

大河报·大河财立方记者 贾永标

西倚伏牛山脉，东瞰黄淮平原，沙河、汝水穿境而过，这便是素有“宝货兴发，物宝源丰”之称的宝丰县。

宝丰县历史悠久，冶铁工业更是可以追溯到一千多年前的宋朝，这样的历史基因也为日后宝丰新型工业异军突起埋下了伏笔。河南铁福来装备制造股份有限公司（以下简称铁福来）正是其中的一个缩影。

这家成立于 2003 年的民营企业，经过十几年的不断钻研，已成为从事煤矿防突钻探高端装备生产制造的国家高新技术企业，产品获得了平煤神马集团、阳煤集团、潞安集团、淮南集团等多家大中型煤业集团的认可。

2020 年 9 月中旬，2020（第十六届）大河财富中国论坛特别行动——绿色工厂产融对接直通车走进铁福来，探寻这家绿色工厂的发展之路。

制造业同样可以打造花园式厂房

干净、整洁、明亮，这是记者一行人走进铁福来厂区的第一感受。据介绍，铁福来是一家专业从事煤矿防突钻探高端装备生产制造的国家高新技术企业，占地面积共 9.2 万平方米，拥有现代化加工装备和检验、试验装备数百台套。该企业于 2018 年被认定为河南省科技小巨人企业、河南省优秀非公有制企业，在煤矿防突钻探装备研发、制造方面的实力居于国内领先行列。

也正是这样一家制造业企业，2020 年被正式认定为国家绿色工厂。谈起其背后的经验，铁福来董事长赵玉凤说：“公司在创立之初就秉持‘绿色、健康、可持续’的发展理念，我们的‘绿色’在于平常点滴的积累，而非一蹴而就。”

铁福来厂区内郁郁葱葱的树木便是最好的例证。一组数据显示，铁福来自创建园林企业以来共种植灌木类树木 235 种，约 22 631 棵。在做好“宏观绿色”的同时，铁福来同样聚焦内功，推动全面节能减排。

“仅 2019 年公司就投入了 900 多万元用于新设备购置和老设备升级改造，其中包括国内先进的四轴联动加工中心、双头车床、数控龙门铣等。”赵玉凤说，公司致力于节能减碳，为充分利用太阳能资源，2019 年公司自筹资金 400 万元，在厂房屋顶建设太阳能屋顶光伏发电项目，进一步降低碳排放量、实现可持续发展。

创新研发为智慧矿山提供支撑

近年来，智慧矿山概念走热，它是以矿山数字化、信息化为前提和基础，对矿山生产、职业健康与安全、技术支持与后勤保障等进行快速处理。通过建设智慧矿山，最终实现安全矿山、无人矿山、高效矿山、清洁矿山的建设。

在智慧矿山的建设中，智能装备必不可少。赵玉凤说，铁福来在打造绿色工厂的同时，也正在积极创建一个高效节能、绿色环保、环境舒适的智慧化工厂。在此基础上，铁福来加大自动化、智能化产品的研发力度，进一步提高煤矿钻探装备的自动化程度，实现远程联网、信息反馈与控制，为煤矿安全高效生产、创建智慧矿山提供装备支撑。

近年来，随着开采深度的增加，一些低瓦斯矿井或高瓦斯矿井逐步升级为突出矿井。在煤矿安全事故中，瓦斯爆炸和煤与瓦斯突出事故，是造成人员伤亡、经济损失最严重且频繁的矿井灾害。瓦斯治理工作势在必行，而治理瓦斯的首要前提是施工钻孔。

大河报 · 大河财立方记者了解到，铁福来研发的可变径造穴泄压增透装置后荣获中国煤炭工业协会科学技术一等奖，经鉴定达到“国际领先水平”，还荣获“河南省装备制造业十大标志性高端装备”称号，同时被安全监管总局作为安全生产先进适用技术项目推广。

“2009 年，我们的产品第一次走出河南，来到山西，和德国产品同台竞技，测试完成之后，对方说我们的产品不仅解决了瓦斯问题，还提高了煤矿产量。”提起这段经历，赵玉凤深有感慨，也正是这件事儿深化了她“急客户所急，想客户所想”的理念，从而带领团队不断攻关，获得了业界的尊重。

创新给民营企业带来尊严

1997 年离开国企后，赵玉凤的创业之路并不算一帆风顺。她尝试过多个行业，不但做过矿工、下过井，早年还卖过胡辣汤、油馍头。当与大河报·大河财立方记者聊起这段往事时，她最大的感受是只有创新才能给民营企业带来尊严。

在锚定目标后，2008 年铁福来第一套装备正式出炉。当时的铁福来还是一家名不见经传的小企业，但这套装备却吸引了平煤集团的注意。“当时平煤集团的领导和基层员工，都到一线去了解这套装备，这不仅超出了我们的想象，也让铁福来第一次感受到了创新的魅力。”赵玉凤说，后来在市县两级科技部门的指导下，铁福来开始注重专利保护，不断完善研发链条。目前铁福来已拥有 148 项专利，其中发明专利 17 项，多项技术填补了国内空白。

除了创新研发，赵玉凤还提到，金融支持也是民营企业家比较关心的话题，尤其是近两年国家、省、市都针对小微企业出台了不少利好政策，这让她感到振奋。

此次走访活动，郑州银行、百瑞信托、财立方商业保理等金融单位全程参与，在实际走访过程中深入了解了企业需求。

针对铁福来目前在金融方面的需求和困惑，尤其是在大额应收账款变现方面遇到的困难，上述机构相关业务负责人纷纷为铁福来出谋划策，并表示将在后续的跟踪服务中，持续提供不同形式的金融服务，为企业发展送去金融活水。

（摄影　朱　哲）

案例 21　从单一产品到业务遍全球，科瑞森实现华丽转身

大河报 · 大河财立方记者　王磊彬

6 年前，位于焦作市的科瑞森重装股份有限公司（以下简称科瑞森）还是一家名不见经传的传统制造企业。

今天，科瑞森已经发展成为集工程咨询、研发设计、智能制造、工程总承包和智能化远程运维服务于一体，并且拥有 13 家分子公司、项目遍及全球 10 多个国家的高新技术企业。

9 月 14 日，2020（第十六届）大河财富中国论坛特别行动——绿色工厂产融对接直通车走进科瑞森，探寻这家重工企业华丽转身的故事。

将绿色环保创新理念列入考核，获相关国家授权专利 75 项

从郑州出发，向西北方向大约行驶 70 千米，就到了位于焦作市的科瑞森。

这是一个拥有近 20 年发展历史，同时又具有对外经营权、进出口权及国家工程总承包资质的工程服务总承包公司。

其主营产品为长距离、大带宽、大运量固定式带式输送机，应用于露天矿剥离排土系统的移置式和半固定式带式输送机，长距离曲线带式输送机，长距离管状带式输送机，垂直提升波状挡边带式输送机等。承建的项目遍及亚洲、美洲、大洋洲、欧洲、非洲，其中包括缅甸、越南、巴基斯坦、印度尼西亚、马来西亚、几内亚、菲律宾等国家。

近几年来，在制造业转型升级的背景下，科瑞森也开始推动企业向高端化、绿色化、智能化、融合化等方向发展。

据科瑞森战略规划部部长王海龙介绍，科瑞森认真贯彻“绿色、环保、低碳”发展理念，把节能减排作为企业转型发展中的核心内容之一，将环境保护观念全面融入经营管理的各个方面。

“我们的技术团队运用绿色环保的设计理念，先后开发出模块化廊道带式输送机、隧道掘进出渣成套输送装备、DG600MM 圆管带式输送机、C 型高倾角压带式输送机、干雾

除尘系统等 30 多项绿色化成套装备和关键技术。”王海龙说。

同时，科瑞森还将绿色环保创新理念列入绩效考核，并且每季度开展节能减排创新技改成果评比活动。

2017 年，科瑞森投资 3 000 多万元建设的自动化喷涂生产线开始投运，项目新建 4 000 多平方米的现代化厂房。该项目采用的国内先进的喷涂设备和环保净化工艺，可实现密闭喷涂、达标排放，与传统喷涂工艺及环保措施相比，可以使单位产量的用漆量减少 30%以上，实现了明显的经济和社会效益。

2018 年以来，科瑞森先后实施了切割工艺改进、烟尘回收净化、水幕除尘、下料技术创新、焊渣回收利用、窄间隙焊接工艺创新、VOCs 处理工艺技术升级改造、水性涂料应用技术创新等 50 多项节能减排创新技改项目，进一步提升了绿色化、精益化管理水平。

2018 年 12 月，科瑞森被河南省科技厅、省生态环保厅、省发改委、省工信厅、省住房和城乡建设厅认定为“河南省节能减排科技创新示范企业”。2019 年 9 月，被国家工信部认定为“国家绿色示范工厂”。

现如今，围绕绿色技术，科瑞森共获得相关国家授权专利 75 项。这些先进技术可确保矿石、煤炭、石灰、水泥、渣土、化工粉料等在各种复杂的环境下实现绿色、高效、自动化连续输送。

在美国建立研发中心，7 项新产品达到国际先进水平

科瑞森不仅在绿色发展方面技术领先，在智能化方面也取得了不错的成绩。

大河报·大河财立方记者了解到，由科瑞森自主研制的智能港口散货装卸输送系统，具备了装船机、抓斗卸船机、堆取料机、皮带机协同作业能力，整个作业过程实现了自

动识别和无人化自动作业，做到了管理环节无缝对接、实时监控，运行数据自动生成、网络传输。

据王海龙介绍，科瑞森从业务流程智能化、计划排产智能化、生产过程智能化、资源管理智能化入手。“在科瑞森智能化管控平台的基础上扩展和完善，2020 年公司 SAP 系统以及 OA、PLM 全面上线运行，建立了智能化辅助决策管理系统，利用大数据技术，对企业生产经营数据进行统一的管理分析，为企业各级管理人员提供完整的、关联的、警示性的协同数据决策依据。”王海龙说。

在对传统生产线的智能化改造方面，科瑞森先后实施了 20 多项智能化技改项目，引进了 50 多台（套）工业机器人、数控机床等自动化设备，建立了高精度托辊智能化车间、智能焊接生产线、智能喷涂生产线等。

智能制造的一大特点就是可以实现产品的个性化定制及柔性制造，同时还可以有效提升产品的合格率。

“通过数字化的排产，将传统的长生产线升级为高度自动化的短生产线，实现柔性化生产。通过管理机制以及软、硬件的智能化升级改造，突破了传统装备制造的瓶颈，实现生产管理由‘人为因素’向‘智控体系’的智能化转变，其整体生产效率提高了 40%以上，运营成本降低 30%以上，不良品率降低 8%以上。”王海龙说。

大河报 · 大河财立方记者了解到，围绕新产品研发和成果转化，科瑞森先后实施了年产 30 台套模块化廊道带式输送机生产线、年产 20 台套 C 型高倾角压带式输送机生产线以及年产 15 台套隧道掘进连续出渣成套输送装备智能化生产线等一系列技术改造项目。通过技改淘汰了传统老旧设备，使设备换芯、生产换线、机器换人，用新工艺和新设备实现了新产品的规模化生产。

此外，科瑞森在美国建立了海外研发中心，通过及时吸纳国际前沿信息进行消化吸收创新，持续保持并提升公司在全球的核心竞争力。

据了解，2018 年以来，科瑞森先后开发出履带轮胎组合移动式皮带机、C 型高倾角压带式输送机、隧道掘进出渣成套输送装备、移动布料系统、爬坡胶带机、环保型超长距离曲线带式输送机、螺旋式连续卸船机等具有国际竞争力的新产品和新技术 30 多项，其中 7 项新产品达到国际先进水平。

拓展国际业务，打造国际领先散料输送装备制造企业

随着国家新一轮调控的推进，工程总承包 EPC 项目逐渐成为市场主导。科瑞森以"一带一路"为契机，紧跟市场变化趋势，敏捷"捕捉"转型升级关键，以重大项目为抓手，发挥其在散料输送高端装备研发及制造方面的独特优势，主动涉足工程总承包市场领域，以期进一步扩大业务版图。

对于未来发展，王海龙说，科瑞森将继续坚持创新驱动发展战略，在技术研发、工程总承包、智能化远程运维服务等方面广泛开展国际交流与合作，培育企业新的增长极，打造国际领先的现代化散料输送装备制造企业。

根据制造业发展趋势，科瑞森现已实现由单一装备制造向工程总承包和"制造+服务"转型，由国内市场向"国内+国际"市场转型，国际市场布局也由发展中国家向"发展+发达"国家转型，形成了集工程咨询、研发设计、智能制造、工程总承包和远程运维服务为一体的完整产业链。

"前端向工程咨询、研发设计业务延伸，为客户提供前期策划和新产品订制开发服务，后端向工程总承包和智能化远程运维服务领域延伸，推进散料输送装备制造向工程化、成套化迈进，逐步实现了工程总承包。"王海龙说，订单形式由单纯的单机制造到成套装备，再升级为向客户提供订制化的从工程咨询、研发、设计、制造、安装到售后技术服务全过程解决方案。

王海龙说，工程总承包业务的迅速发展，使科瑞森营业收入、利润以及企业整体规模增长了 5 倍以上。这进一步提升了公司技术研发、产业链延伸、智能化远程运维及国际化经营能力，有效带动了产业链上下游协同发展，为公司转型升级发展培育了新产业、新动能和新的经济增长点，使企业的国际竞争力明显增强。

（摄影　朱　哲）

案例 22 年收入超 7 亿元，广大鸿远“只做驻马店最好”

大河报·大河财立方记者　徐　兵

素有“豫州之腹地、天下之最中”的驻马店，因农业而闻名遐迩。但因工业基础较薄弱、产业发展缓慢，多年来驻马店的主要经济指标一直在全省中游徘徊。

不过，这一切正在悄然发生改变，新兴的“制造动力”正冉冉崛起，逐渐成为驻马店工业发展的中坚力量。驻马店广大鸿远车业有限公司（以下简称广大鸿远）就是其中一位。作为半挂车领域的“新兵”，广大鸿远年销售收入已超 7 亿元，产品畅销至全国 20 多个省市，还远销东南亚等地区。

2020 年 9 月，2020（第十六届）大河财富中国论坛特别行动——绿色工厂产融对接直通车走进广大鸿远，探寻这家企业快速成长的基因。

成立 5 年多，凭绿色化生产提质效

广大鸿远生产厂区位于京港澳高速驻马店北出口 2 千米处，交通十分便利。

走进厂区，一字排开的集装箱运输半挂车首先映入眼帘。“广大鸿远成立时间虽然不算长，但是产品市场口碑一直很好。每天来自全国各地订制半挂车的客户有很多。”广大鸿远总经理张宏忠边走边说。

据介绍，广大鸿远于 2014 年 8 月注册成立，注册资本 1.2 亿元，是一家致力于高端专用汽车研发、制造、销售与服务为一体的企业，公司产品主要有五大系列，分别是高强度钢轻量型半挂车系列、特种车系列、车辆运输车系列、轻量型复合材料厢式车系列、智能渣土车系列。

之所以能取得良好的市场口碑，在张宏忠看来，除产品品质外，绿色化生产是重要原因之一。“公司将绿色工厂建设作为企业管理的重要内容，作为提高经济效益的重要手段。”他说，公司通过建立能源管理体系，以提高资源、能源使用效率，加强推行清洁生产，加大资源综合利用量。

他以轻量型复合材料厢式车系列为例，这类车厢体重量比国内同类产品轻15%~25%，有效降低运输成本。“车轻了，既可以多拉些货物，又省油，所以很受货车司机欢迎。”张宏忠说，“虽然车厢轻了，但并不会影响产品强度。该车型使用材料不但强度高，而且耐腐蚀，使用寿命可达20年以上。”此外，该产品设计中就引入生态设计的理念，大量应用新型高强度复合材料及先进工艺生产技术，以铆接为主要连接方式，在国内尚属首创，填补了河南省行业空白。

其实，不只是材料上，就连车厢喷漆上，广大鸿远也进行“绿色化”。“我们生产的半挂车外观的喷漆工艺，选择用较为环保的水性油漆替代油性油漆。”张宏忠告诉记者，去年广大鸿远水性漆的使用比例已达30%，2020年计划使用比例达70%。

除产品外，在参观过程中，广大鸿远绿树成荫的厂区环境也十分惹人注目。“那一片有香樟、桃树、花椒树、竹林。”张宏忠指向远处说，“好的环境，也会给工人带来愉悦的工作感受，下一步计划把广大鸿远打造成景观式工厂”。

年收入超 7 亿元，“只做驻马店最好”

随着我国公路物流的飞速发展，目前，半挂车作为专业运输车辆，逐步成为国内运输市场的“主力军”。记者了解到，2019 年栏仓半挂车产量约 34 万辆，同比增长 55%；自卸半挂车产量 18 万辆，同比增长 8%。

其实，为了满足市场需求，成立5年多的广大鸿远一直在扩产。“二期项目占地260亩，主要生产轻量型物流厢式单车，复合材料厢式半挂车等，已于2018年底投产。等项目全部达产后，可年产各类轻量型专用汽车15 000辆，年实现销售收入20亿元。”张宏忠说。

记者了解到，广大鸿远一期项目占地218亩，主要生产轻量型栏板半挂车、轻量型栏仓半挂车、集装箱运输半挂车、智能渣土车、特种半挂车、中置轴及半挂轿运车，已于2016年9月份投产。

“受疫情影响，上半年工厂停产一个月，不过影响并不大。”张宏忠告诉记者，2019年，广大鸿远营业收入7.3亿元，2020年营收仍能与上年持平或略有增长。他进一步补充说，公司的订单主要来自国内各大物流平台。目前，产品畅销全国20多个省、市、自治区，并出口到东南亚、非洲、大洋洲、南美等地区。

实际上，广大鸿远产品越走越“远”，也离不开公司对人才以及技术的重视。据了解，该公司汇聚了行业一流的技术研发团队，通过引进吸收国外先进设计理念和生产工艺，依靠自主研发，产品在轻量化和新材料应用上居国内同类产品领先水平。目前，广大鸿远现有员工500余名，其中技术研发人员32名，具有中高级职称的技术人员12名，已获得各项技术专利22项。

“只要做到驻马店最好，基本上在全国就是领先的。”张宏忠最后在回答同业竞争问题时直言。据了解，距离广大鸿远9公里处，国内半挂车头部企业中集华骏也坐落于此。

或许，正是因为这些企业的“抱团”成长，以及“你追我赶”的竞争，才有了驻马店这片黄土地上不断崛起的“制造动力”。

（摄影　朱　哲）

年“消化”废旧轮胎10万吨，伊克斯达将黑色污染变“黑色黄金”

大河报·大河财立方记者　唐朝金

1801年，物理学家罗伯特·迈尔提出能量守恒定律：能量既不会凭空产生，也不会凭空消失，它只会从一种形式转化为另一种形式。

200多年后，在有“天下之中”之称的驻马店汝南县，河南伊克斯达再生资源有限公司（以下简称伊克斯达）成为“能量守恒定律”的有力践行者：将废旧轮胎通过热裂解技术，使其成为炭黑、油、钢丝以及可燃气等原料，从而实现由“黑色污染”变身“黑色黄金”。

2020年9月，2020（第十六届）大河财富中国论坛特别行动——绿色工厂产融对接直通车走进伊克斯达，探寻这家废旧橡胶绿色生态循环利用公司的发展路径和未来方向。

绿色化生产,年“消化”废旧轮胎 10 万吨

2017 年,伊克斯达带着双星集团有限责任公司(以下简称双星集团)的废旧轮胎裂解技术来到河南驻马店汝南,在当地政府的大力支持下,一个占地约 200 亩,年可“消化”废旧轮胎 10 万吨的废旧橡胶绿色生态循环利用“工业 4.0”智能化示范工厂建成投产。

记者在现场看到,整个伊克斯达的厂区内几乎没有工人的身影,废旧轮胎经过工业机器人的操作,通过一系列裂解反应,最终还原成初级油、炭黑和钢丝等原材料。在伊克斯达的系统控制室里,几名工人正忙碌地记录着各种数据、控制着整个生产流程。

“伊克斯达向来重视绿色工厂建设、绿色发展、节能减排工作,采用的自主研发的填补全球空白的废旧轮胎橡胶绿色生态循环利用装备及技术,不仅实现了废旧轮胎资源的综合利用,而且解决了固废资源带来的环境污染问题,使废旧轮胎由‘黑色污染’向‘黑色黄金’转变,具有显著的社会和生态效益。”河南伊克斯达再生资源有限公司总经理肖焕清说。

据肖焕清介绍,伊克斯达按照“工业 4.0”标准规划建设,采用世界一流生产技术,现代化的物流生产布局,应用了全球领先的技术和模块化装备,行业领先的 RCOS(远程控制运维服务)区块链平台,以及科技部固废资源化重大科技专项的研发成果。在设计、生产、使用过程中采取多种有效措施,加强对耗能设备的管理。废轮胎裂解产生的不凝气能够作为裂解和炭黑干燥的能源,同时将轮胎裂解产生的部分高温烟气用于密封舱预热,充分利用系统余热,降低能源投入;此外,工厂设置多套高效率净化装置,废气经集中处理后排放,满足国家/地方相应标准要求,实现废旧轮胎处理的“零排放、零残留、零污染、全利用”的目标。

据了解，目前整个伊克斯达智能化水平非常高，生产线每年能"消化"废旧轮胎 10 万吨，在企业实现绿色化生产的同时，为社会创造了更多的价值。

技术撬动产业，"黑色污染"变"黑色黄金"

随着汽车行业的快速发展，有"黑色污染"之称的废轮胎受到业内越来越多的关注。

中国橡胶协会的数据显示，作为全球最大的轮胎生产国和消费国。2017 年中国轮胎产量 6.53 亿条，同比增长 7%。同时，废轮胎产生量约为 3.4 亿条。

2013 年以来，中国废轮胎总重量正以每年 8%～10%的速度增长，预计到 2020 年底，废旧轮胎的年产生量将超过 2 000 万吨。

公开资料显示，目前全球废轮胎积存量已超过 30 亿条，且正以每年 10 亿条的速度增长。中国每年废轮胎无害化年处理率不足 40%。

废旧轮胎因具有很强的抗热、抗机械和抗降解性，数十年不会自然消解，被称为"黑色污染"。尤其因其不易降解且燃烧后产生大量烟尘和一氧化碳，严重污染空气，对自然环境、植被生长、人类健康等多方面产生极大破坏，是工业有害废弃物中危害最大的垃圾之一。

对于废旧轮胎的处理，目前，行业内大多采取翻新、生产再生胶或者胶粉的做法。而这种做法主要用于废旧卡客车轮胎，对乘用车胎并不适用。大量废旧乘用车轮胎流入"土法炼油"作坊，对环境产生了严重的二次污染。

实现废旧轮胎的无害化和资源化处理，既是保护环境、合理利用资源的需要，也是社会管理的目标，但这一过程需要高技术支撑。

据伊克斯达相关负责人介绍，为了解决废旧轮胎处理的难题，双星集团联合东南大学、中国石油大学、青岛科技大学等 9 所高校，集 100 多名教授专家的智慧，攻克了全球废旧轮胎循环利用领域的 17 大关键共性技术难题，开发了填补全球空白的废旧轮胎绿色裂解和炭黑再生技术及智能化装备，实现了废旧轮胎处理的“零污染、零残留、零排放、全利用”。双星集团也由此成为科技部 2018 年重大科技专项该领域唯一中标企业。

“一条废旧轮胎通过裂解，可‘变成’40% 的初级油、30% 的环保炭黑、20% 的钢丝和 10% 左右的可燃气，真正做到了对废旧轮胎的‘吃干榨净’，真正把‘黑色污染’变成了‘黑色黄金’。同时，工厂采用双星集团自主研发、国内领先的除尘、除味装备，对有害物质进行无害化处理，彻底解决了废旧橡胶产生二次污染的问题。”肖焕清表示。

智能化、模块化运作，全球布局正在路上

事实上，随着伊克斯达在驻马店汝南的落地及达产，废旧轮胎的处理已经开始逐渐形成一个产业。

“经近几年发展，伊克斯达已经成为驻马店汝南在废旧轮胎处理方面的领头羊。在公司的带动下，现在周边乡镇已经出现了一批收购废旧轮胎的商户，并且已经显现产业化的雏形。”该企业负责人表示。

实际上，作为双星集团在河南布下的一颗棋子，伊克斯达在废旧轮胎产业上的作用已经开始凸显。但对于双星来说，一个更大的规划正在逐步落地。

“伊克斯达的建设完全是按照集团绿色工厂的要求进行模块化‘组装’而成。通过河南伊克斯达项目的实施，集团提高了模块化工厂建设效率。同时，模块化生产设备能够快速获得维修、养护服务匹配，得到技术支持，保证生产效率。通过模块化建设，可形成工厂建设、生产、管理的全流程标准体系，实现模块化绿色工厂的快速复制和推广，为我

国废旧轮胎、橡胶资源综合利用行业建设绿色工厂提供样板参考方案。”该企业负责人介绍。

据了解，双星集团的废旧橡胶绿色生态循环利用模块化绿色工厂按照废旧轮胎年处理量不同，进行不同工艺模块的组合设计，匹配智能生产线数量，制订出3万吨/年、6万吨/年、10万吨/年及20万吨/年不同规模的模块化工厂建设方案。

为引领废旧轮胎循环利用行业加速智能化转型，彻底解决废旧轮胎处理产生污染的问题，推进废旧橡胶资源的循环利用，伊克斯达正成为“全球废旧橡胶绿色生态循环利用的引领者和主导者”。“下一步将计划通过全球布局建设废旧橡胶循环利用工厂，推动固体废物资源化利用和无害化处理，进一步助力国家‘无废城市’建设，为美丽中国建设做出积极贡献，为废旧轮胎循环利用行业提供中国模式、中国智慧。”该企业负责人说。

（摄影　马腾飞）

案例24 平平公司一根“大面筋” 撬动百亩绿工厂

大河报·大河财立方记者　陈玉静

21年前，卫龙辣条创始人刘卫平或许怎么也不会想到，一根看似平平无奇的辣条能为卫龙食品及其背后的漯河市平平食品有限责任公司（以下简称平平公司）打开今天的局面。

2019年，平平公司全年销售额突破18亿元大关，年产量达9万吨，但这依然不能满足平平公司或者说消费者的“胃口”。目前，卫龙食品二期（漯河卫到食品科技有限公司）200多亩的工厂已经在国家食品名城漯河市拔地而起，三期公司也已在建设中。

在过往的认知中，辣条的生产场所似乎与智能、环保无缘。但在平平公司的生产链条中，自动化早已成为必需，绿色的理念更是从原材料源头贯穿产品始终。卫龙食品一位分管运营的高管对大河报·大河财立方记者表示，好的产品，原材料非常重要，目前公司采购环节建立严格的质量管理制度和体系，对供应商定期评价，验收环节进行严格质量把控制定绿色发展中长期规划。

优化工艺实现生产链条智能化

中国的制造业正寻求向“智造”业转变，其中的体现之一是绿色发展。

平平公司诞生于20世纪末，如今已走过21年的发展历程，在卫龙辣条国民度不断提升、市场占有率不断提高的同时，平平公司一直不忘练好“基本功”，实现技术更新。

位于漯河市经济开发区工业园内的平平公司厂区是卫龙食品服役时间最长的工厂，总面积60亩。从外表来看，正如公司的名字，平平无奇。但工厂内的设备，在平平公司投入大量的资金后，已经在实现自动化的基础上逐步实现智能化。

“那个工厂之前有很多都是非自动化的，但这几年投入了很多钱，改造生产线，改造设备，设备的智能化程度高了很多。原来一个工厂需要几千人，现在不需要这么多了。”运营高管说道。

技术的升级需要大量的资金投入，但生产效率提升也有目共睹。技术加持后的老厂产能迅速提升。2019 年平平公司产品产量 9 万多吨，相比 2018 年增加 27%。不过，产能提升并不是技术升级带来的唯一利好，在硬币的另一面，平平公司的能耗也在逐步降低。

在原材料的消耗上，产量对应的面粉消耗量为近 4 万吨，魔芋粉消耗量从几百千克到 1 000 千克也在逐年快速递增。

在能源方面更是如此。平平公司目前转而使用天然气、蒸汽等清洁能源进行生产，比如：购置安装水源热泵，以求减少电力消耗。2019 年平平公司用电量为 4 166 万度，相比 2018 年下降 21%；采用地源热泵，余热回收等节能技改项目，降低能源消耗，温室气体单位产品排放量下降 16.09%等。

节能之外，减排也是平平公司实现绿色发展的另一个抓手。对于食品加工业而言，平平公司面临的一个比较重要的问题是污水。为此，平平公司建立污水处理站，采用先进污水处理设备，对污水进行深度处理达标排放，2019 年平平公司废水总排水量 228 200 立方，排放达标率 100%。

“我们现在想着是怎么去继续优化，包括我们的电表原来是一个车间一个电表，现在是下到生产线上去，可能到后面我们还要做到机器上的电子控制，做信息化系统，也就是说设备所有运行的东西包括里面的水和电，全部都到后台的系统，都可以在作战室的屏幕上看得到。”运营高管表示，下一步能源这一块还要进一步降低，最主要还是要优化工艺，使生产过程自动化、智能化、信息化。

只做产品的开创者不做跟随者

好的产品，原材料非常重要。如该运营高管所言，平平公司重视绿色全周期管理，这当然包括产业链的上游——原材料。现在，卫龙的原材料源地已遍布大半个中国。

目前在平平公司的产品线中，除了伴随“90后”童年的卫龙大面筋（调味面制品），还有豆制品、蔬菜制品和魔芋制品三大品类。小小的休闲食品背后，汇聚了全国各地的味道。

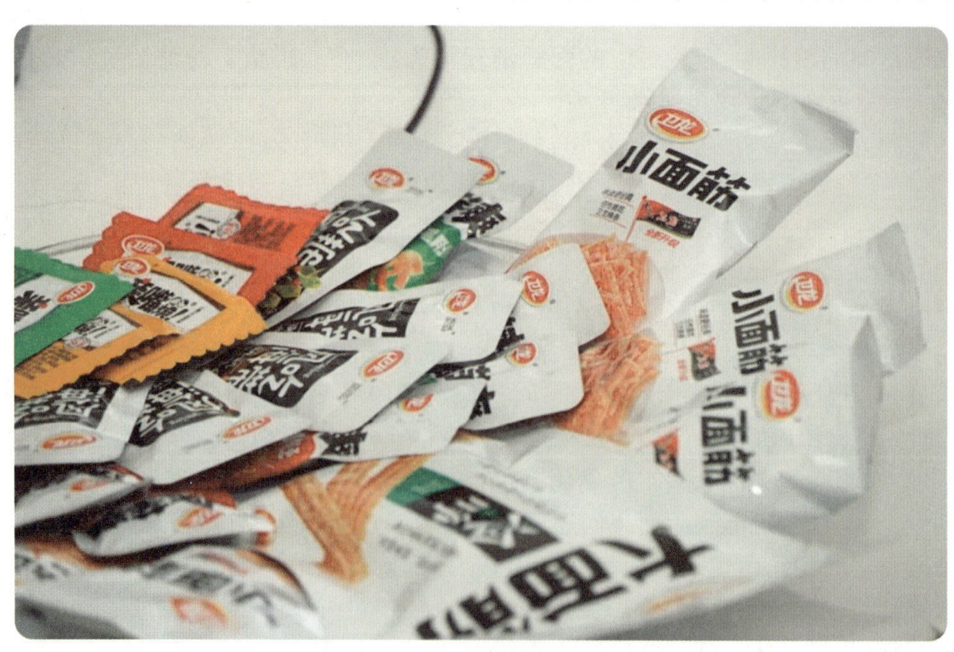

“我们的花椒用的是甘肃武都的，这个地方的花椒应该是全国最好的，包括魔芋，也是深入云南的产地直采。原料采购，我们一定会去他们的工厂。”该运营高管说道。原料直采，可以消除掉一些不确定因素，便于质量的把控。“比如说魔芋，加工成魔芋粉之后，你就不知道别人会往里面加什么，这也是为什么我们的魔芋口感会与别家不同。”

这一切目的都是为了将产品做到极致。细到包装撕口处的设计、会不会溅汁等都在公司研发人员的考虑之内。“消费者体验始终是我们关注的核心。”运营高管说道。

而从更宏观的角度而言，卫龙也有自己的产品策略，“只做产品的开创者，不做跟随者”。

“之前也做过跟随，别人说哪个东西做得好，我们就跟着做一下。结果发现那些产品全都死掉了，我们自己开创的还做得挺好。”运营高管表示，去年总销售额是 30 多亿元，销量比较高的产品都是公司的开创品类。

未来几年之内，平平公司打算将产品系列扩展至五类，“就像一个拳头，五根手指，每一根手指都要做到 30 亿~50 亿元的规模”。当然，对于试图扩展品类的公司而言，运营高管透露，并购或许也会成为其丰富产品品类的一个方式，但要求是符合企业文化，符合卫龙的基因。

时至今日，卫龙已走过 21 年的发展历程，在国内企业存活年龄普遍不长的情况下，21 年并不算短。但在卫龙看来，包括产品种类、市场份额等，都只是刚刚开始。

年轻的卫龙，正试图以娱乐为媒，与“Z 世代”的年轻人更加亲近。在卫龙做传统食品的逻辑中，娱乐化已成为其“四化”目标之一，即休闲化、娱乐化、便捷化、亲民化。近年来，卫龙携手哪吒大 IP，文案创意化，包装简约风，试图以一种更加新潮的姿态面对国民甚至世界。

2020 年，卫龙在整合原有电商团队的基础上在上海成立公司，主要负责产品的营销

推广以及研发，同时也是作为卫龙对外招募人才的“桥头堡”。“公司现在规模发展很快，所以人才奇缺，希望通过上海链接到更多方面的前沿人才。”卫龙一位负责品宣的高管表示。

如上述高管所言，卫龙正处在快速发展阶段，200多亩的二期厂房，从土地招拍挂到建成投产，时间不到一年，跑出“卫龙速度”。此后不久，三期约500亩的厂房又已开始陆续破土建设，而且将新增“智能仓储系统”。

规模的扩张使得卫龙对人才极度渴求。除了上海之外，卫龙还在漯河本地建立了4座酒店式人才公寓配套中央厨房，希望能吸引更多的优秀人才入驻。

在平平公司未来的战略中，走出国门是一个方向。

“说句实话，我们其实是一个比较土的企业，做的产品也是土特产，但是这帮人比较有活力，相对也比较年轻，愿意去闯，愿意去拼搏，也都有一个梦想，就是想把中国的味道带向全世界，让世界人人爱吃中国味，这就是卫龙。”运营高管在接受大河报·大河财立方记者采访时表示。

银企对接，企业发展需要更多的伙伴

毫无疑问，卫龙面筋系列已经在国内群体中享有较高的知名度，但对于公司的发展而言，仅仅一个品类的超高国民度并不够。

“我们正在深耕市场，目标是中国的200多万家店，到明年产品都要铺进去。”运营高管说道。

快速的发展需要更多的合作，这当然包括金融的支持。该运营高管表示，他一贯的主张是要跟更多优秀的合作伙伴机构一起合作，管理一个企业，如果单靠自己肯定走不远，需要各种合作伙伴一起保驾护航。在金融方面，目前核心还是贷款利率的问题，“我们利润空间很小，也很辛苦，如果利润合适的话，合作都是可以的”。

不过，他认为，相对于平平公司而言，其上下游的供应商和经销商有时候资金周转比较紧张，也需要金融机构提供一些资金融通服务。

对此，郑州银行漯河分行公司部总经理常雷在沟通会现场表示，郑州银行自进入漯河以来，一直在关注漯河市企业包括平平公司的发展，非常希望能够与之开展更多的合作，包括目前在建的三期项目，平平公司有需求都可以合作。郑州银行可以针对平平公司做差异化定价，提供综合性的金融服务。

当然，一个企业的发展壮大，除了企业的自身因素外，也离不开当地政府的支持。漯河市经开区经济发展局主任科员王金春表示，对于卫龙，经开区管委会可以说是保姆式服务，企业提出来的需求，只要符合规定，开发区管委会就上下一心，力争把问题解决掉。“能扶持的政策都为卫龙发展争取，公司遇到的问题，包括生产、销售、管理、融资、土地规划等，都会帮其解决，每周一跟进，每周一落实。”

“包括年初企业复工复产，为解决企业用工问题，漯河市政府、工信局等多部门协调，多次开协调会，到 5 月初，卫龙的用工问题基本得到解决。”王金春说道，同时，卫龙也为当地发展做出了贡献，践行了自己的社会责任。5 年来，卫龙从缴税 1 000 多万元到去年的 5 亿多元，疫情期间，更逆势为员工涨工资 1 000 元。

（摄影　马腾飞）

案例 25　从小镇企业到国内特种钢丝第一股，恒星科技锚定百亿目标

大河报 · 大河财立方记者　贾永标

1995 年 7 月，巩义市恒星金属制品有限公司在巩义市康店镇焦湾村成立。经过一年的摸索，这家村镇企业生产出的镀锌钢丝产品成功销往郑州电缆厂。

25 年后，河南恒星科技股份有限公司（以下简称恒星科技）虽然仍旧立足伊洛河畔的巩义小镇，但已成功跻身豫企版图的头部阵容。

作为河南省首家在中小企业板块上市的民营企业，恒星科技通过五个“五年计划”将年营收做到了 30 亿以上。眼下，在多元化战略的加持下，恒星科技正朝着“百年企业、百亿企业”这个目标进发。

11 月 13 日，2020（第十六届）大河财富中国论坛特别行动——绿色工厂产融对接直通车走进恒星科技，探寻这家国家级绿色工厂锚定双百目标的底气。

国内特种钢丝第一股，产品服务三峡水电站等工程

巩义市伊洛河畔，有一条道路名为恒星大道，路虽然并不十分宽敞，但来往的物流车辆众多，这些车辆的目的地正是恒星科技。

作为国内特种钢丝第一股，恒星科技在产品端有着名副其实的实力。其生产的钢绞线产品被指定为三峡电力外送、西电东输及特大型工程、国家电网交直流输电工程高压电网专用产品。

一组数据显示，恒星科技目前已形成合金镀层钢丝钢绞线系列产品年产能 20 万吨，市场占有率 20%以上。据统计，该合金镀层钢丝钢绞线系列产品在国内市场占有率第一，恒星科技也因此成为全国最大的镀锌钢丝、钢绞线生产厂家。

记者一行人在恒星科技车间参观期间，见证了一捆捆原料经过层层工序，最后成为肉眼不易发觉的金刚线。“公司具备从进口盘条到成品的全生产链核心工艺技术，工艺水平处于国内领先地位。该产品是经电镀黄铜丝进一步拉拨而成，半成品黄线规格在 540~610 微米，通过采用先进的封闭式智能湿拉机拉拨而成。”恒星科技行政中心总监白彭尊介绍，目前公司正在研发市场上领先的 38 微米超精细金刚线生产工艺技术，预计将进一步增强产品实力。

围绕特种钢丝这条主线，经过数十年的钻研，恒星科技已经成为行业内钢帘线、钢绞线、超精细钢丝等产品品类、规格最齐全的企业，全国最大的镀锌钢丝、钢绞线生产厂家。尤值一提的是，早在 2002 年该公司生产的钢丝钢绞线产品就已出口至孟加拉国，相关产品被列入原国家经贸委发布的《全国城乡电网建设与改造所需主要设备及生产企业推荐目录》，成为国家电网专用产品。

建设绿色工厂，打造行业绿色制造标杆

近年来，绿色制造升级成为企业可持续发展的重要支点，尤其是对于恒星科技这种志在打造"百年老店"的企业而言，以绿色节能环保为核心的时代主题，更是被写入了企业发展规划。

2017 年，恒星科技联合郑州大学等单位组建联合体，共同建设钢帘线、超精细钢丝产品绿色关键工艺创新和系统集成绿色工厂。据介绍，该项目采用天然气明火加热+水浴热处理生产技术代替铅淬火，配有高效热盐酸、磷酸循环再生回用系统，酸洗槽体通过水帘密封和"微负压"技术，将酸雾封闭在循环系统内，最大限度地减小酸对环境的污染和含酸废水的产生量，同时采用超声波清洗系统代替酸洗等，对钢帘线、超精细钢丝产品生产进行绿色化改造。

"该项目的落成投产，将成为我国特种钢丝行业的绿色制造标杆企业，起到示范带头作用，将引领钢帘线生产行业绿色发展、提高绿色钢帘线国际竞争力。"白彭尊表示。

在恒星科技工厂大门一侧，有一块电子屏实时显示工厂废气排放指数，完成此次绿色升级后，厂区实现 COD 排放量从 8.36 吨/年降低到 6.02 吨/年，污染减少 10%，能耗降低 27%。不仅如此，厂区废水量基本实现零排放，盐酸使用量降低 32.5%，磷酸的总使用量降低 30.8%，润滑剂的使用量降低 15.8%，噪声由 90 分贝降低到 70 分贝以下。

在金刚线车间参观时，大河报 · 大河财立方记者注意到，该车间系并不多见的双层

车间。白彭尊告诉记者，为节约用地，使有限的土地资源更好地用于巩义经济的发展，恒星科技在建设中进行大胆改进，建成一个双层车间，车间节约用地 1.8 万平方米。

记者查阅恒星科技 2015—2017 年三年间的能源资源投入情况时发现，在年营业收入从 17 亿元提升至 30 亿元的背景下，恒星科技的电耗、天然气消耗量以及煤耗量却几近持平。部分主要原辅材料投入情况，如盐酸、铜粒、锌板等用量则出现了下降，这也是绿色升级效果最好的证明。

年产 12 万吨有机硅项目明年投产，百亿目标再进一步

“升起在伊洛河畔，腾飞在邙岭之巅。”这是恒星科技企业之歌的开头，如今在多元化战略布局的加持下，恒星科技正持续开辟新赛道，这种腾飞之势或已隐隐可见。

恒星科技前不久刚刚披露的数据显示，公司前三季度实现营业收入 20.89 亿元。随着金刚线行情供需两旺，恒星科技在第三季度单季实现扣除非经常性损益的净利润 0.33 亿元，同比增长 162.03%。

“恒星科技作为细分领域行业龙头，在特种钢丝等相关领域已经取得较高的市占率，在主业稳中有进的基础上，公司正试图开辟新赛道，按计划推进有机硅项目，为后续发展储备动能。”恒星科技董事会秘书张召平说。

恒星科技内部有一套 20 字经营理念：“资金是血液、创新是灵魂、效率是生命、市场是主体。”在这一理念的影响下，恒星科技充分发挥了民营企业灵活敏捷的优势，在开拓进取方面行动迅速，不错失新的发展机遇，成为伊洛河畔一道亮丽的风景。

近期，广泛用于建筑、涂料、汽车、电力设备、纺织及公共卫生医疗等领域的有机硅价格持续上涨，下游需求旺盛，多家调研机构表态价格持续看涨，这也引发了投资者对恒星科技布局的关注。张召平表示，公司控股子公司内蒙古恒星化学有限公司“年产 12 万吨高性能有机硅聚合物项目”正按照计划有序推进，预计 2021 年下半年可以投入试生产。

（摄影　朱　哲）

案例 26　锚定县域，好想你将点燃“星火”

大河报・大河财立方记者　唐朝金

28 年来，依靠着一颗红枣，好想你健康食品股份有限公司（以下简称好想你）从新郑这个小县城走向全国，并成为中国红枣第一股。

2020 年，好想你将战略重新锚定县域特色农产品以及“红枣+”。2020 年 9 月，好想你新一代“食药同源”产品正式问世，表明其在大健康产品领域再进一步。而在刚刚过去的双 11，依靠着自有电商的发力，好想你收获颇丰。

11 月 12 日，2020（第十六届）大河财富中国论坛特别行动——绿色工厂产融对接直通车走进好想你，寻找中国红枣第一股的绿色成长基因。

一颗红枣的“绿色经”，好想你实现全过程绿色发展

从前，在河南省新郑市孟庄镇有这样一句顺口溜：“孟庄孟庄到处沙岗，粮食不够种枣喝汤。”这是过去孟庄真实的写照。

20 世纪 90 年代，以好想你董事长石聚彬为代表的新郑人开启了把小红枣做成大产业的探索之路。创办果品加工车间、推行红枣生产标准化、为红枣种植户提供全面服务。有了生产标准,就有了产业化的基础。在此过程中,好想你探索出种植、加工、销售相辅相成,基地、企业交相辉映的产业发展体系。

经过28年的发展,好想你不仅成为中国红枣第一股,改变了中国红枣的品质,还改变了人们吃枣的方法,更是把红枣带到品牌时代,把红枣塑造成了河南的一张名片,还推动了红枣期货上市。

"更为难得的是,过去28年来,好想你始终坚持绿色发展,从种植到收储再到包装的全过程,坚持绿色环保理念,走出了一条农副产品深加工的绿色发展之路。"好想你健康食品发展有限公司副总经理石聚领表示。

据石聚领介绍,好想你坚持绿色种植,从源头保障原料品质,降低土壤等环境污染。从育苗、栽培方式、树体田间管理、土肥水管理、病虫害防治、采后处理、储藏、运输、贮存各环节实现标准化、精细化管理,减少资源能源消耗。

同时,好想你按照生态设计的理念,开展红枣深加工健康食品的绿色设计,研究开发10种新型红枣深加工健康产品。此外,好想你还通过建设10条红枣深加工健康食品绿色示范生产线,开展示范生产和验证本项目按照医药行业GMP标准建设十万级净化车间。

在包装环节,好想你推进包装减量化、轻量化和可降解包装材料替代塑料包装。销售方面,公司采用精耕细作专卖店渠道、强力发展商超传统渠道、大力发展电子商务等多渠道并举的销售模式。

"开展废弃物资源化回收利用项目,积极研发废渣再利用技术,对残次品和废弃物全部回收利用做成有机肥料,做到对原材料吃干榨净,实现废弃物零排放。"石聚领表示。

据石聚领介绍,例如"去核枣"的废弃物枣核,实际蕴含多种氨基酸、维生素和矿物质,营养丰富。因此,好想你将自动去核过程产生的枣核集中回收,研磨成粉,既用作肥料补充成分施于农田,改良土壤、增强地力,也用作养殖饲料添加成分,提高饲料吸收率和转化率,改善畜禽胃肠环境,促进畜禽生长,增强畜禽免疫力和抗病力。

主打食药同源，好想你深耕“红枣+”战略

2020 年对好想你来说是关键之年，这一年，中国红枣第一股选择继续加大红枣主业的深耕力度，也就是好想你公告中说的“红枣+”。

那么，好想你的“红枣+”具体要怎么做呢？

根据此前公告，好想你称将充分发挥 28 年来沉淀的品牌、供应链、渠道、研发等优势，围绕“红枣+”战略，通过深耕高端红枣，拓展“红枣+”产品品类，提升品牌定位，加大研发投入，开发差异化产品等措施，公司将进一步提升比较优势，打造公司在红枣行业的护城河，巩固红枣行业龙头地位。

在红枣产业上，好想你将投入更多的资金，进一步丰富公司的产品品类，形成以红枣为主体，冻干和地方特色农产品为新增长点的全方位产品体系：聚焦红枣品类，做深细分品类的头部产品；丰富冻干品类，塑造冻干食品的品牌和形象；同时，公司将继续深化全渠道布局，以专卖为核心，着力发展电商，深挖商超潜力，加大流通渠道，辅以新渠道，纵深挖掘各渠道潜力。

事实上，就在好想你披露“红枣+”战略不久，代表着其未来发力大健康方向的“食药同源”产品即宣告问世。

9 月 5 日，2020 中华枣乡风情游暨第 18 届好想你红枣文化节在新郑举行。在当天下午举行的“红枣食药同源峰会”上，好想你的新品发布会如期举行，代表着好想你新一代战略方向的食药同源新品“健非菲”（姜枣营卫颗粒）正式揭开面纱。

据介绍，作为食药同源产品，“健非菲”可丰富好想你红枣 4.0 深加工系列产品。

“好想你以红枣起家，做的就是食药同源类的健康食品，公司近年来的发展也一直紧

扣健康食品这个主题。下一步将会围绕着'红枣+'和'食药同源'的产品继续扩大产业链,走出一条新的大健康产业发展之路。"石聚领说。

锚定县域赛道,好想你"星火计划"进展顺利

除了在传统红枣产业继续加大深耕力度以及与新流量入口加强合作之外,2020年好想你的另一项工程——"星火计划"也与公众见面。

据石聚领介绍,好想你将围绕县域特色农产品的"一县一品",通过利用好想你在研发、资本、供应链等方面的优势资源,与当地政府、行业龙头企业资源整合,共融共赢,构建县域特色农产品运营商;通过好想你渠道、品牌、营销等资源,赋能县域当地龙头企业开设"一县一店、一区一店",采取"一店千品、一品千店"运营模式,打造县域特色农产品运营平台。

谈及"星火计划"的初衷,石聚领表示,在全国的县域经济里面,很多县都有自己的特色农产品,并且依托这些特色农产品,在当地也诞生了一批农业深加工企业,但这些产品很难形成品牌。

"地域特色农产品具有强烈的地域属性、其知名度甚至超过地名本身成为地域的名片与标识,对地域发展尤其是地域农业发展具有重大意义。但从目前县域特色农产品发展的趋势上看,县域农产品经常会出现丰产不丰收的情况。特别是由于县域农产品企业由于小、散、乱的特点,很难助力企业形成龙头企业。特别是县域范围内由于缺少专业经营的人才与渠道、技术、品牌,县域农产品企业往往是有产品、无渠道,有产品、无品牌,研发技术欠缺,融资难、融资贵。

"在这方面,好想你经历28年发展,积累了'一二三产融合发展'的宝贵经验和特产品牌化的运营机制,不仅能解决县域'有特色、没产业、缺龙头'困境,而且能解决地方企业'没市场、乏技术、缺管理'的发展瓶颈,为地方乡村振兴提供了抓手。而这,就是我们去年就开始实施的好想你'星火计划'。"石聚领说。

据了解,"星火计划"将以当地政府导向,由当地农产品龙头企业开店,好想你提供品牌、系统、数据、影响等多方面赋能支持和运营,中台连接、数据共享、线上线下互联互通,形成以专卖店为核心,以体验、购物、前置仓、社群、配送、提货为功能的"一店千品、一品千店"新模式。

其中,好想你方面,公司将借助其产品、渠道、用户、品牌的势能,与其他县域店面互联互通、有机融合,构建全国性、专业性地域特色农产品市场平台。

同时,好想你主导对当地龙头企业产品进行二次创新升级、技术改造,使其产品符合好想你定位。加强、规范、完善农产品标准体系建设,建立分类别分层次的地域特色农产品标准体系,加强地域特色农产品竞争力建设,规范市场秩序,形成诚实守信、货真价实、优质优价的良好市场秩序。

在产品方面,"星火计划"产品主要选取各县的主导特色农产品,如山西省绛县的山楂、内蒙古清水河县的海红果、河南省平舆县的白芝麻、山西省临猗县的鲜冬枣、甘肃省临洮县的百合等产品。

"'星火计划'自2019年推出以来,受到了各方的广泛关注,也得到了特色农产品龙

头企业的认可。目前‘星火计划’的开店计划进行得很顺利，到年底完成我们的阶段性既定目标不成问题。”石聚领表示。

（摄影　马腾飞）

案例 27　小药膏有大生意，羚锐发力运动健康赛道

大河报·大河财立方记者　唐朝金

巍巍大别山，绵延起伏于鄂豫皖三省交界处。明朝时，李时珍正是从这里出发，尝遍百草，著就《本草纲目》；作为革命老区，这里诞生了 300 多位将军。因此，新县也是河南省唯一的将军县；而在传统中药贴膏领域，国内橡胶膏剂药业中的首家上市企业羚锐制药也在这里诞生。

2020 年 10 月，2020（第十六届）大河财富中国论坛特别行动——绿色工厂产融对接直通车走进羚锐制药，倾听“药二代”讲述贴膏大王的下一站。

山水相融，羚锐制药打造花园式绿色工厂

在河南，很少有上市公司的厂区有羚锐制药这样“讲究”。

这种讲究，并非是一掷千金堆砌出来的现代奢靡，而是将自然、山水、地势、环境恰如其分地融为一体，用一种传统中国风的方式表达出现代建筑的美学。

就算没有去过现场，通过百度地图的地球模式，也可以清晰地看到：满屏绿色当中，穿城而过的小潢河在这里自然弯曲，而被弯曲怀抱其中的就是被羚锐人称之为“百亿贴”的羚锐制药新厂区。

如果就在现场，站在羚锐的总部大楼前，雨后远处的大别群山，在氤氲的云雾升腾中，山和云如一幅泼墨山水画般展现在眼前，建筑与自然就这样以一种既相得益彰又相映成趣的方式无缝连接，让人“只缘身在此景中”。

在这家 2019 年入选第四批国家级绿色工厂的厂区，每天早上都会有一群员工自发地绕厂区晨练，在满园青葱的晨曦中，用奔跑开始一天的工作。

据羚锐制药贴膏剂事业部总经理睢江波介绍，羚锐制药坚持与环境和谐相处，打造园林式工厂的绿色经营理念。通过植树造林，不断扩大厂区绿化种植面积，在绿化建设上，公司每年坚持投入，近年来，在新种绿化和维护上的投入达到数百万元。

每年 3 月 12 日的植树节期间，公司都组织员工及其家属采取寻缝插绿、见空补绿、拆障种绿等措施，在厂区开辟新绿地，积极开展植树造林活动。经过多年努力，羚锐制药的厂区已经形成了“一年四季皆有景、景景都美各不同”的景象。也因景美厂秀，该厂被河南省信阳市评为首家工业旅游示范点。

当然，作为 2016—2017 年的河南省重点项目，这里除了秀丽风景和人与自然的和谐统一，还有国际中药行业自动化程度领先的生产线。

睢江波表示，羚锐制药在“年产百亿贴膏剂产品建设项目”建设过程中，坚持生态设计、绿色发展、资源节约的理念，在工艺上采用国际先进的贴剂生产技术，引进智能化生产装备，实现了生产全流程的科学布局。目前，已投入使用的百亿贴膏剂生产基地拥有了中药提取过程自动化、贴膏剂制造过程全程自动控制、产品包装线自动化、立体数控自动化物流仓储系统建设等技术创新 100 多项。

小药膏的大生意

传说上古之人，在衣服里佩戴一个药囊，闻闻药气、让药气通过皮肤渗入就能防病治病。这是“服药”的初义。贴膏剂在某种程度上继承了这个古法，羚锐的崛起也缘于此。

1988 年，在国家科委大别山科技扶贫开发团的扶持下，新县依靠 25.8 万元贷款创办了一个科技扶贫企业——河南省信阳羚羊山制药厂。两年之后，重庆方面即将承包期满，新县政府需要物色接班人选。当时，全县懂中医药的干部不多，新县县委就找到了正在药检所工作的熊维政，动员他去羚羊山制药厂工作。

1992 年，在时任厂长熊维政的主导下，信阳羚羊山制药厂与香港锐星企业公司成功合资，组建“羚锐制药”，当时的羚锐只有一款产品，即虎骨麝香止痛膏。

1993 年，国务院下发了《关于禁止犀牛角和虎骨贸易的通知》，今后不得再用犀牛角和虎骨制药。虎骨的禁用，对于羚锐制药来说，无异于摁下暂停键。

此后，熊维政遍寻名医药方，终与一家知名中医研究机构签订协议，至此，羚锐制药的爆款单品通络祛痛膏（骨质增生一贴灵）正式面世。

2000 年，羚锐制药成功通过 IPO。公司还推出了主治骨性关节病的通络祛痛膏和主治中风的培元通脑胶囊。

据董秘冯国鑫介绍，目前羚锐制药产品资源丰富，有橡胶膏剂、片剂、胶囊剂等十种剂型，知名产品有通络祛痛膏、壮骨麝香止痛膏、培元通脑胶囊、参芪降糖胶囊、丹鹿通督片、胃疼宁片、锐枢安芬太尼透皮贴剂、小儿退热贴和舒腹贴膏等。

“羚锐制药作为中药生产与销售的企业，品牌与品种优势突出，是国内规模最大的橡胶膏剂生产商之一，在橡胶膏剂产品市场处于领先地位。公司生产的骨架型芬太尼透皮

贴剂更是引进国际先进的生产技术和设备，该产品目前国内市场只有三家销售，羚锐制药为国内唯一骨架型芬太尼透皮贴剂生产厂家。”冯国鑫表示。

少壮当家，“药二代”全面接班

2020 年 6 月 6 日，随着羚锐制药的一纸董事会换届公告，宣告羚锐制药管理层年轻化全面来临。

根据公告，羚锐制药的新一届董事会正式走马上任，而在羚锐制药的新一届董事会的非独立董事中，除了股肱之臣吴希振为“60 后”之外，三名董事为“70 后”，董事长熊伟、董事冯国鑫均为“80 后”。其中，冯国鑫出生于 1989 年。

事实上，羚锐制药的接班计划早已埋下伏笔。

2014 年 6 月 6 日，经董事会换届，熊维政之子熊伟正式出任羚锐制药总经理，时年 30 岁。这也创造了当时的一项纪录：河南省内 A 股最年轻总经理。而这位在英国谢菲尔德大学学习营销专业的“药二代”，在上海复星医药锤炼一年之后才正式回归羚锐。在回归羚锐之后，熊伟曾担任市场部总监、总经理助理、羚锐制药副总经理等职务。在熊伟担任贴膏剂销售部副总经理期间，羚锐制药贴膏部销售收入实现每年 30%的增长。

相较于熊伟的“稳”，在 80 年代尾巴上出生的冯国鑫的性格外向而缜密。

这位复旦大学数学系毕业、美国哥伦比亚大学深造的海归同样于 2014 年重回羚锐，从羚锐制药证券事务负责人，到河南羚锐投资发展有限公司总经理，再到羚锐制药最年轻的董事。冯国鑫逻辑严密，对数字非常敏感，各种经营数据烂熟于心。

2019 年的全国两会期间，熊维政在接受大河报 · 大河财立方独家专访时曾谦虚地表示：“过去几年，羚锐制药的新班子取得了不错的成绩，但是也要看到，他们还很年轻，对于致力于打造学习型领导团队的羚锐制药来说，他们需要学习的东西还有很多。”但过去几年，羚锐制药在熊伟的带领下成绩卓著。

最新的财务报表显示，2020 年前三季度，羚锐制药实现营业收入 17.5 亿元，同比增长 3.45%；归属于上市公司股东的净利润 2.7 亿元，同比增长 2.96%。

深耕大健康领域，羚锐制药发力运动健康赛道

随着新一届董事会正式走马上任，羚锐制药的未来发展方向在坚持贴膏主业“普转精”的同时，一些新变化也在悄然发生。

据熊伟介绍，未来羚锐制药将主要围绕骨科前端、心脑血管和疼痛三个领域加速发展。“在骨科前端方面，随着中国 45 岁年龄人群基数的不断增大，骨科前端药贴的用量也在不断增长。对于目前处于价格带下沿的羚锐制药来说，在稳固当前产品序列的基础上，通过技术创新，提高药贴的科技含量，为消费者提供更多可选择的产品，同时也为公司带来更多的业绩增长。”

在冯国鑫看来，药贴是药品当中消费属性最强的产品，下一步在营销上，羚锐制药会针对不同的使用场景设计出不同的产品来。

“例如针对都市白领久坐少动的特点，我们用更具科技含量的原料，开发出一款透明无味的药贴，这种药贴的透气性更好，也更适合办公室使用。”冯国鑫表示。

除了传统药贴之外，在心脑血管领域，冯国鑫表示，羚锐制药下一步将采取内生和外延式发展相结合的模式，加大在心脑血管药物领域的投资力度。而对于目前羚锐制药的另一大产品芬太尼透皮贴，冯国鑫则认为，相信随着学术推广，医生用药水平变高，芬太尼产品的市场空间将得到逐步释放，为公司提供新的利润增长点。

事实上，除了上述三个方向之外，羚锐制药下一步还将发力于运动健康领域。

据羚锐制药相关负责人介绍，专业的运动健康领域其实与羚锐制药的产品结合度非常高，囿于运动健康领域准入的高门槛，这方面一直是羚锐制药发力的一个方向。

“公司已经针对专业运动员开发出了相关的产品，该项目目前正在稳步推进。相信该项目一旦成功，对于羚锐制药的品牌力和产品力提升，都有不可估量的作用。”羚锐制药相关负责人表示。

在当天举行的 2020（第十六届）大河财富中国论坛特别行动——绿色工厂产融对接直通车活动上，郑州银行信阳分行公司部总经理吴正延与羚锐制药董事潘滋润、羚锐制药财务总监余鹏进行了深入交流，为下一步郑州银行与羚锐制药的合作打下了基础。

（摄影　马腾飞）

河南老牌钢企安钢变身 3A 级旅游景区

大河报・大河财立方记者　吴春波

2020 年 9 月，2020（第十六届）大河财富中国论坛特别行动——绿色工厂产融对接直通车走进安阳钢铁集团有限责任公司（以下简称安钢）。

站在厂区前的迎宾广场上，在水系、石景、树木掩映下，安钢的厂区新面貌映入眼帘。进入厂区，长颈鹿、钢琴演奏者一个个安钢员工用废钢材料制作而成的工艺品，错落有致地安放在道路旁的草坪上。

能够成为河南省首个拥有 3A 级旅游景区评级的钢铁企业，得益于安钢从 2016 年起开始的绿色发展能力建设。

安钢副总经理郭宪臻表示，从 2016 年起，安钢先后投资超过 70 亿元，最终建设成为国内第一家实现全流程干法除尘并消白的钢铁联合企业，也是“公园式、森林式”的园林化工厂和以工业旅游为主题的国家级旅游景区。

同时，安钢“一个中心、四个基地、多产业”的新发展格局也在加速推进。

投资超 70 亿元，用经得起历史检验的技术打造绿色工厂

由于钢铁冶炼本身会产生大量的废气、废水和废渣等，钢铁企业一直都被认为是环境污染大户，安钢也曾因为环保问题饱受诟病。

而现在，在这个以“冶炼”为主题的 3A 景区级主体厂区里，不时看到学生组团感受独特的工业风旅游，了解中国金属冶炼发展的历史。据介绍，当地的年轻人还会来这里拍写真、婚纱照，而不用担心浅色衣服会被染黑。

郭宪臻表示，越来越多的人来景区参观，甚至来拍婚纱照，意味着安钢的 3A 级景区已名声在外，绿色发展获得更多人认可。

此前，随着京津冀大气污染治理加速推进，邻近河北省的安钢也面临一到冬天就限产的情形，经营收入随之减少，但企业的负担却并未减轻，如何妥善解决安钢的绿色发展问题，已关系到安钢的永续发展。

安钢旗下上市公司安阳钢铁副总经理刘永民告诉记者，安钢从 2014 年起就开始实施环保治理，主体生产工序按照当时国家环保要求，全部实现稳定达标排放。2016 年国家颁布了超低排放标准，对环保提出了更高的要求，安钢更是将环保治理放在了生存保卫战的重要位置，不断加大投入，纵深推进绿色工厂建设。

安钢绿色工厂建设分两个阶段实施，第一阶段投资 30 多亿元，主要解决有组织排放。第二阶段投资 26 亿元，主要用于彻底解决无组织污染，除了给原料厂加盖料棚+喷淋，皮带机封闭并加以除尘，安钢还全面淘汰了“国五”标准以下的汽车，物流车则替换为新能源汽车。

2018 年和 2019 年，随着两个阶段治理的相继完成，安钢的日排也由最初的 30 吨降低至目前的 6~7 吨，降幅超过 80%，这为安钢 3A 级景区的建设奠定了基础。

在此基础上，安钢厂区的园林化改造正式展开，该项目总投资约 16 亿元，立足现有格局设计园林景观，经过一年多的建设，“十步一景”的厂区新貌正式形成，安钢厂区也变成了河南省首个园林化工厂。

“安钢焦化环节的烟道气脱硫脱硝技术由公司与合作伙伴联合开发,目前处于世界领先地位。”郭宪臻表示,安钢起步就瞄准世界领先,并使用经得起历史检验的技术解决环保治理问题,不留后遗症。

目前,安钢建设了厂区排放的监控中心,对厂区 2 000 多个排放点位进行监控,通过监控中心可以随时看到排放点的现状和指标,可以提前预警。

环保约束日益收紧,绿色发展已成企业做强根本

安钢的前身安阳钢铁厂成立于 1958 年,曾是河南工业战线的“十面红旗”之一,经过 60 多年的发展,已成为一家总资产规模近 550 亿元,并拥有一家上交所上市公司的企业集团。

在新的发展环境中,安钢也焕发出新的生机。安钢提出了“创新驱动、品质领先、提质增效、转型发展”的发展战略,着力打造绿色发展、高效发展和高质量发展三大特色,第一大特色就是绿色发展。

据了解,2019 年冬季来临之前,国家出台的环境绩效分级政策,对 39 个行业中企业的绩效分成 A、B、C 三档,对不同档的企业进行差别管控,引导和鼓励企业加大绿色发展建设投入力度。

郭宪臻表示,为保证公司的稳定和长效发展,目前安钢正在全力冲击环境绩效 A 级企业,A 级企业在冬季大气治理期间可以自主减排。

随着绿色工厂建设持续推进,安钢也尝到了绿色发展带来的甜头。2017 年、2018 年、2019 年,安钢环保建设逐步完成,也给业绩带来了一定的改善。

“环保工程本身也是一个效益工程,别人被限产的时候你可以正常生产,企业的效益就能获得保障。”刘永民表示,企业绿色发展做好之后,也可以享受到各种相关的政策支持,除了直接的绿色补助之外,还有绿色信贷。

在刘永民看来，在目前的环境约束之下，绿色发展已经成为一家企业做大做强的前提。

此次绿色工厂产融对接活动，安钢财务部长张宪胜表示，郑州银行此前曾与安钢有过多年合作。而郑州银行代表则表示，将借此次契机，推动两家机构再次牵手。

与城市共同发展，“产城”融合之路越走越宽

安钢建厂之初，位置处于安阳市区外的远郊，其员工曾面临找对象难的窘境。而随着安阳市经济的发展和城市框架的拉大，以及钢铁企业本身的资金、技术、人员等要素密集的特点，昔日荒凉的安钢厂区也变成了城市建成区。加之强力的绿色投入和工业主题旅游的发展，安钢与古都安阳市的深度融合发展条件日趋成熟。

目前，安钢正利用临近殷墟的位置优势，着力打造中国第一个金属冶炼文化主题的旅游路线，将殷墟中的中国古代金属冶炼历史与安钢的现代金属冶炼结合起来。这样，参观殷墟博物馆的游客可以来安钢体验现代金属冶炼文化，而来安钢旅游的游客，也可以到殷墟博物馆了解中国古代冶炼的悠久历史。

郭宪臻表示，将殷墟博物馆里的古代金属冶炼遗址和安钢现代金属冶炼文化串联起来，也赋予了历史更新的、直观的表达方式。

实际上，金属冶炼文化主题公园的融合发展，只是安钢与安阳市实现产城融合发展的融合点之一。在污水处理、城市废旧垃圾处理、城市供热和现代装配式建筑钢结构件等方面，安钢与安阳市之间还有较大的融合发展空间。

而在不久前，工信部也再次明确，将积极引导钢铁企业践行绿色发展理念，鼓励“城市钢厂”优先选择就地改造，实现产城共融。

一个中心+四个基地+多产业，安钢新发展格局呼之欲出

近年来，在国企改革和绿色工厂建设成效逐步凸显的同时，安钢确定了“走出安钢发展非钢、走出安阳发展安钢和走出国门发展安钢”的思路，安钢的转型和发展框架也呼之欲出。

在走出安钢发展非钢方面，安钢已发力环保产业、现代制造业、现代物流业、现代农业以及文旅康养等产业。

郭宪臻表示，目前安钢的钢铁主业规模占比在60%~70%，下一步将在做好主业减法的同时，加大非钢产业发展力度，未来非钢产业要占据安钢整体规模的半壁江山。

在郭宪臻看来，主业做“减法”是减量，而不是减少产值，安钢也将通过技术开发和联合开发等方式增加高品质产品，做到减量、减排但不减收入、不减税收。

“个头不一定很大，但要强筋壮骨，一定得有肌肉、有内涵。”郭宪臻表示。

与此同时，“走出安阳发展安钢、走出国门发展安钢”的思路也已付诸实施。

2018 年 6 月底，安钢置换产能项目正式落地周口，并于 2019 年 10 月份正式开工，项目投资规模 58.38 亿元，预计年产棒材 166 万吨；2020 年 6 月 16 日，安钢与天瑞集团、南召县人民政府签署战略合作协议，拟共同打造云阳绿色冶铸一体化项目，项目建成后将实现铸造产能 100 多万吨，销售收入 100 多亿元的双目标，同时实现利税 10 亿元，直接安排就业 5 000 人。另外，安钢的東埔寨基地也已经申报立项。

为服务安钢转型和发展，同时解决人才、研发等方面的问题，安钢也决定将企业的研发中心、销售中心和财务中心等部分核心功能迁往郑州，打造“一个中心，四个基地、多产业”的新发展格局。

郭宪臻表示，迁移完成后，安钢位于安阳的钢铁厂，也将顺势成为旗下第一大钢铁生产基地。

在其看来，新的发展格局不仅让安钢有效规避了原有区位、市场等方面的劣势，也让安钢有机会接触和整合更多优质资源，全力助推企业转型升级和高质量发展。

（摄影　朱　哲）

案例 29　年产 800 万只汽车轮毂，三门峡戴卡把握产业新机遇

大河报·大河财立方记者　王磊彬　通讯员　辛海波

“每天走在大街上，我们最关心的就是汽车轮毂，每当看到我们公司生产的轮毂，就会有一种涌上心头的自豪感。”2020 年 11 月 12 日，三门峡戴卡轮毂制造有限公司（以下简称三门峡戴卡）党委副书记、总经理李国伟向记者说。

三门峡戴卡自 2004 年成立以来，借助中信戴卡强大的销售体系，一步步发展壮大。其生产的轮毂受到众多国际客户的认可，与通用、福特、克莱斯勒、标致、雷诺等知名车企保持长久的合作关系。如今，在双循环新发展格局下，三门峡戴卡迅速调整发展战略，将重心转移至国内市场，并在较短时间内取得了不俗的业绩。

2020（第十六届）大河财富中国论坛特别行动——绿色工厂产融对接直通车走进三

门峡戴卡，了解这家公司践行绿色发展、推动转型升级背后的故事 。

年产 800 万只汽车轮毂，产品远销法国、德国、日本等国家

11 月 12 日，刚到上班时间，几辆大货车就已经候在三门峡戴卡轮毂发货区。一大批该公司生产的汽车轮毂将由货车运往天津港，然后从天津港海运到日本。

由于有众多国际客户，像这样的发货场景在三门峡戴卡已是常态。

当前的中国汽车轮毂行业，呈现出“一大三小”的竞争格局，而中信戴卡就是其中的“一大”。这家总部位于河北秦皇岛的企业，是世界上最大的铝合金车轮生产企业，在世界汽车零部件生产制造领域具有重要的地位和影响力。

目前，全世界每年的汽车轮毂产量大约 3 亿只，而中国制造就占 2 亿只，其中，来自戴卡的轮毂约 8 000 万只，占中国轮毂总生产量的 40%，可见其市场地位。

三门峡戴卡是中信戴卡的核心成员单位之一，其前身为生产销售摩托车轮毂的企业。2004 年 8 月，中信戴卡、创通（香港）集团和领汇香港投资公司在此基础上成立三门峡戴卡。2011 年 12 月，三门峡戴卡重组，河南能源化工集团控股 50. 49%，公司开始进入全新发展时期。

据介绍，三门峡戴卡主要生产 12~22 英寸涂装、抛光、电镀等多种铝合金汽车轮毂，产品以 OEM 配套为主，占总生产量的 94%，部分产品出口国外售后市场，主要销往美国、日本和欧盟地区。

在生产线方面，三门峡戴卡配置了智能化、自动化的先进生产线，该企业不仅是国内铝合金汽车轮制造行业中规模较大、设备优良、技术先进的大型生产企业之一，而且其联合生产车间也被称为目前全球最大的单体轮毂流水线式车间。

三门峡戴卡年产 800 万只铝合金轮毂，主要供应北美通用、福特、克莱斯勒、法国标致、雷诺、日本大发等国外汽车厂家和东风本田、广州本田、上海通用、东风日产、吉利汽车等国内汽车厂家。

投资 3 000 余万元进行绿色化改造，能源消耗大幅降低

记者在现场采访得知，从一块粗糙的铝锭变为精美的轮毂需要经过熔炼、铸造、热处理、机加工、表面处理（抛光、电镀、喷涂）5 个关键环节。三门峡戴卡的绿色制造工艺也在这 5 个环节中体现得淋漓尽致。

三门峡戴卡安全环保和生产主管副总经理徐永进介绍，三门峡戴卡始终坚持“清洁生产，绿色发展”的理念，新厂在充分吸收老厂节能经验的基础上，又借鉴了国内外先进节能技术，优化产线配置，选用先进高效设备，使整个生产过程实现绿色化生产。

建设绿色工厂，首先是生产设备的绿色化改造。三门峡戴卡总投资 3 000 余万元，安装了袋式除尘器、余热回收除尘系统、废气热力焚烧系统、“水帘+水旋”组合式喷漆系统、污水综合处理系统等。同时，还安装了废气和废水在线监测设备，并与政府环保主管部门的监控中心联网，确保各类污染物排放实施有效监控。

光有设备投入还不够，为将绿色环保、节能降耗工作持续推动下去，三门峡戴卡在 2018 年底又成立了绿色化改造工作领导小组，并制订专项实施方案，从节能节水、清洁生产、污染防治、资源综合利用等方面全面提升企业绿色化水平。

“在硬件、软件的保障之下，公司的绿色发展工作成效非常明显。用水、用电、用气等各项指标明显下降。”徐永进说。

例如，用闭式冷却塔代替开式冷却塔，大量减少了水量蒸发，与老厂相比，冷却塔年补水量下降 60%；对纯水设备排放的浓水进行回收，用于车间卫生间冲便池及污水处理站配药，全年减少自来水约 2 万吨；氦气密机代替水气密机，既提高工作效率，减少用工数量，同时每年可减少自来水用量3.8万吨；对制冷系统改造后，节省冬季用电量约48万度电，产生经济效益28.8万元；还对热处理淬火槽余热进行回收利用，用于供职工浴池，实现能源二次利用。

轮毂制造过程中，大量使用压缩空气，仅空压机耗电一项的用电量就占到了公司总用电量的30%。为节约用电，公司选用大流量节能型离心式空压机及无油变频螺杆空压机供气，能够为生产系统提供100%无油压缩空气，减少了后处理设备投入，同时对空压机运行过程中产生的余热进行回收，可用于冬季供暖。

此外，公司还对熔炼炉高温烟气进行余热回收，用于涂装前处理14个水槽加热，不用再使用燃气锅炉，每年减少天然气用量约17.5万立方。

2020年5月、6月，三门峡戴卡先后被评为“三门峡市绿色工厂”和“河南省绿色工厂”。2020年9月，公司通过了国家级绿色工厂的评审，获得“国家级绿色示范工厂”称号。

把握市场发展趋势，将涉足汽车零部件、商用车轮毂领域

2018年，中国汽车市场年度销量出现自1990年至今28年来的首次负增长。业内普遍认为，中国汽车产销高速增长的时期已经过去，低速增长、高质量增长将是汽车产业未来的主旋律。

尤其受中美贸易摩擦、2020年疫情影响，汽车产业更是雪上加霜。中央及地方先后出台政策，从稳定汽车消费、推动新能源汽车发展、降低企业融资难度、降低制造业税负等多个方面促进汽车产业高质量发展，极大地提升了行业的信心。

在行业大趋势下，中国车企开始纷纷踏上转型之路。

作为汽车产业链的重要环节，三门峡戴卡一方面对现有业务进行产能提升与产品升级，另一方面也紧跟汽车产业的发展趋势，调整经营策略。

“公司为适应国内经济大循环发展格局，将市场转移至国内。采取销售盯客户、技术快研发、生产保交付的模式，满足国内客户需求。”李国伟说。

得益于戴卡轮毂在行业中的地位和影响力，三门峡戴卡的业绩 2020 年以来出现逆势上扬的局面。仅吉利汽车一家企业就为公司带来了 10 多款新产品订单，自 8 月份以来，产销两旺，屡创新高。目前，工人需要加班加点才能完成订单。

“新厂在现有 400 万只产能基础上，通过将老厂的旋压机搬迁至新厂启用，提高了旋压产品产量，实现了产品结构升级。”李国伟说，通过实施节拍管理，物流优化，将年产能从 400 万只提升至 500 万只，进一步解决公司产能的瓶颈问题，实现高效率、高质量运行。

2021 年，站在“十四五”的重要节点，创新驱动与高质量发展仍将是汽车行业的主旋律。戴卡轮毂也在融通中谋发展。

“汽车行业正处于前所未有的大变局之中，电动化、网联化、智能化、共享化这‘新四化’成为未来趋势，将带来前所未有的革命性变化。”李国伟表示，随着新能源汽车发展和汽车减重需求高涨，铝合金零部件大量应用于汽车动力系统、传动系统、底盘行走及悬挂系统以及车身结构件等。

“公司借助自身在铝合金低压、旋压产品方面的制造优势开拓铝合金零部件市场，实现多元化产品结构，提升了核心竞争力。”李国伟说。

此外，随着新能源汽车销量的增加，新能源汽车轮毂需求量大增，戴卡轮毂也加大了新能源汽车轮毂的投入与生产力度，目前已经取得了一定的成效。

“不仅如此，为顺应国内商用车铝合金轮毂发展趋势，公司计划通过引入战略投资者和员工持股的方式，建立了属于自己的专属品牌和市场体系，抢占汽车行业战略制高点。”李国伟说。

（摄影 朱 哲）

案例 30 狮虎磨具：小小砂轮磨出行业首个国家级绿色工厂

大河报·大河财立方记者 吴春波

位于中原腹地的登封，不仅有著名的禅宗祖庭少林寺，还有一系列优势产业集群，其中磨料磨具产业的影响力更是辐射整个行业。

在众多的磨料磨具企业中，郑州狮虎磨料磨具有限公司（以下简称狮虎磨具）脱颖而出，并在取得优秀市场成绩的同时，于 2019 年一举拿下国内磨料磨具行业的首个“国家级绿色工厂”称号。2020 年 11 月，2020（第十六届）大河财富中国论坛特别行动——绿色工厂产融对接直通车走进狮虎磨具公司。

狮虎磨具总经理邓彬表示，通过绿色工厂的建设，企业的核心竞争力也再次获得提升，不仅实现了生产端的节能降耗、产品端的绿色化，而且赢得了越来越多优质客户的认可。

下一步，狮虎磨具也将在现有市场优势的基础上，提升高附加值产品的市场份额，同时利用自身积累的技术优势，进军工业制成品抛光领域。

真金白银投环保，拿下行业首个“国家级绿色工厂”称号

作为一家传统行业企业，狮虎磨具一直注重金属垫圈和废砂等可循环使用部件的回收，降低生产成本的同时，也降低了对自然环境造成的污染。

据介绍，狮虎磨具的绿色建设从 2017 年正式展开，该公司当年投资将近 200 万元建成了一条 38 米长的隧道炉，用以替换 5 个立方单体的箱式炉。

邓彬说，相对立体箱式炉，隧道炉可以通过炉顶设置的抽风系统，把散热段的热量送至加温段，不仅能有效降低电力消耗节约能源消耗，也降低了生产成本。

与此同时，与隧道炉配套的环保设备也同时上马，在节能的基础上，进一步确保排放物符合国家标准。

在尝到节能环保带来的甜头后，狮虎磨具在 2018 年将厂区照明全部更换为节能的 LED 灯，并在厂区路灯更换 LED 照明的同时，加装了太阳能发电装置。

2018 年 10 月份，狮虎磨具就提出绿色工厂的申报。“按照当时的环保建设情况，狮虎磨具八成的环保指标都能达到国家级绿色工厂要求。”狮虎磨具绿色工厂负责人刘少锋表示。

在后来的申报过程中，狮虎磨具也学到了更多关于环保方面的知识，而这促进了狮虎磨具进一步加大投资，完善其在环保建设方面的不足。

在处理废气方面，狮虎磨料按照绿色工厂要求，购置了先进的蓄热式热氧化炉（RTO）用以高效地处理有机废气，通过催化燃烧的方式处理废气中甲醛等挥发性有机物。而在此前，狮虎磨具使用的是光氧催化+活性炭烧的方式去处理。

在处理混料的颗粒物方面，狮虎磨具在混料车间设置布袋式除尘器，以确保其污染

物排放浓度达到相关法律法规及标准要求，并从布袋式除尘器中定期回收利用酚醛树脂，减少原材料的浪费。

另外，为完善公司的绿色发展制度建设，狮虎磨具还相继打造了公司内部的环境管理体系、能源管理体系、质量管理体系和职业健康管理体系。

值得注意的是，在产品本身的绿色及环境友好特性方面，狮虎磨具还与河南工业大学材料科学与工程学院共同努力研发、生产出无氟且不含冰晶石的新产品。

在一步一步推进绿色发展过程中，邓彬发现，绿色发展本身也是一个效益工程，这一块做得越早，企业的成本就会越稳定。

日产树脂砂轮 30 万片，年内产值有望突破 7 000 万元

在国家级绿色工厂建设的同时，狮虎磨具也开始了其“两化融合”进程，对其现有的设备信息化和自动化进行改造。

邓彬介绍说，在改造之前，一台生产设备需要三个人，经过最近两年的改造之后，设备需要员工数逐步减少至一人，且产品的质量也没有因此下降。目前狮虎磨具每日可生产树脂砂轮片 30 万片。

“磨料磨具行业中实现两化融合的企业极少，几乎没有现成的解决方案。”邓彬表示，为提升“两化融合”程度，狮虎磨具将继续投入资金和研发力量去开拓企业发展道路。

狮虎磨具成立于 2010 年，注册资金 2 000 万元，主要业务为销售树脂砂轮片，目前位于登封市产业集聚区标准化厂房 A 区，公司设计年产能为 30 000 吨树脂砂轮片。

目前，该公司拥有科研人员 20 名，其中包括 5 名教授和 1 名副教授。此外公司还与河南工业大学材料科学与工程学院建立了产学研合作，该学院院长邹文俊为狮虎磨具的技

术顾问和研发带头人。

邓彬表示，树脂砂轮产品需要持续不断地进行升级，以确保其锋利度和耐磨度的提升，否则很快就会成为行业的末流，而这需要强有力的研发团队支持。

得益于市场与研发的有效对接，截至 2018 年底，狮虎磨具拥有的专利数量已达 100 余项，并于当年 3 月份备案国家级科技型中小企业，登记类型为 A 类。

产品方面，如传统的 350 毫米切割片在静平衡方面的要求一般标准为 4 克左右，而通过狮虎的技术转化其静平衡达到 1.5 克以内。这使得狮虎的切割片在安全性、耐用性以及切割机使用舒适性等方面大幅度提升。

良好的质量保证，也让狮虎磨具在市场开发时显得游刃有余。“营销人员会经常带着砂轮片现场体验产品性能。”邓彬表示，两种不同品牌产品直接 PK 更易赢得客户的认可。

市场方面，经过多年的发展，狮虎磨具已经实现了 100%的订单化经营，有效摆脱了盲目销售的被动经营局面。

邓彬表示，按照目前的情况来看，狮虎磨具年内有望实现产值 7 000 万元左右，虽然受疫情影响，但仍有望实现同比增长 15%左右。

打造新利润增长点，拟进军抛光市场

磨料磨具行业属于传统行业，且由于一般类产品进入门槛较低，激烈的市场竞争和产品的易耗特性，也让这个行业的利润普遍较低。

“由于产品质量高，我们的产品单片比同类贵 3 分钱。”邓彬表示，按照目前日产 30 万片计算，每天的产能可多出来 9 000 元的毛利润，全年的话则在 300 万元左右。

为提升企业发展能力，狮虎磨具也将在持续提升产能和保证现有产品市场占有率的基础上，利用自身的技术积累向抛光领域迈进。

在提升产能方面，狮虎磨具将按照绿色工厂标准新建厂房，并通过引进设备的方式，持续提升现有优势产品的产能。

在抛光方面，由邹文俊主导的研发团队，已经开发出高端产品聚氨酯抛光片，这在国内企业中属于首创。在此前，类似产品只能从日本进口，且单价成本在 4 万元人民币左右，而狮虎磨具这项产品的定价则为 2 万元。

邓彬介绍称，聚氨酯抛光片在前期的对比测试中抛光研磨效果优异，各项指标和性能均已超越长期占领中国市场的日本同类产品。

例如在汽车行业，要求抛光后的产品粗糙度在 63 纳米以内，之前我国的同类产品还无法达到该技术指标。但现阶段，经过狮虎磨具聚氨酯抛光轮抛光后的产品粗糙度可达到 45 纳米以内，且光洁度比日本抛光产品所抛磨后的外观更加鲜亮与精致。

“抛光服务应用的范围非常广，且涉及产业领域也比较灵活，除了汽车零部件，还有高铁用尖端轴承、手机摄像头等领域。”邓彬表示，目前高铁用尖端轴承的相关产品研发已经启动，手机摄像头抛光方面也已经接到一些手机生产商发来的订单。

（摄影　朱　哲）

环保投入不设上限，河南宝钢制罐靠个性化定制把握新机遇

大河报·大河财立方记者　吴春波

巍巍太行，卫水汤汤。西依太行山的卫辉市，素有“豫北水城”之称。经过多年发展，卫辉已经形成了以食品饮料和包装产业为主导的新兴产业集群，而河南宝钢制罐有限公司（以下简称河南宝钢制罐）正是金属包装产业中的佼佼者。

2019 年，河南宝钢制罐仅用 110 余名员工，就生产了超过 11 亿只易拉罐，平均每人年产易拉罐超过 1 000 万只。

2020 年 10 月，2020（第十六届）大河财富中国论坛特别行动——绿色工厂产融对接直通车走进河南宝钢制罐，探寻这家企业绿色高效发展背后的故事。

合作伙伴百威英博落户卫辉，河南宝钢制罐年产销量达 11 亿只

通过绿树掩映的厂房大门，来到河南宝钢制罐的现代化生产车间，记者看到一片薄薄的铝板，经过冲杯、拉伸修边、清洗、彩印、内喷、缩颈翻边和光检等流程，加工成一个个易拉罐，再经传送带整理收集、堆码工序打包入库。

整个生产过程几乎全部自动化，员工只需站在生产线控制面板前，查看自动化设备生产的信息反馈，并不时到现场进行巡检即可。

“得益于信息化和工业化的深度融合，目前河南宝钢制罐的产品成品率达到 98.5%。”河南宝钢制罐厂长黄雪亮表示，“两化融合”还赋予了企业优秀的柔性生产能力，能够根据市场的需求进行小批量定制化生产，可以用于品牌宣传、促销等食品饮料包装，也适用于节庆、婚庆等其他使用场景。

这样一家现代化的易拉罐生产企业落户卫辉，缘起于国际啤酒巨头百威英博和河南宝钢制罐母公司上海宝钢包装股份有限公司（以下简称宝钢包装）的战略合作伙伴关系。2011 年，经过深入考察后，百威英博和宝钢包装决定将其中原地区啤酒生产基地和易拉罐生产基地放在太行山下的卫辉唐庄镇，两家企业比邻而居，河南宝钢制罐因此设立。

黄雪亮表示，除了拥有良好的区位优势，卫辉唐庄当地给予的招商政策支持，也是百威英博和宝钢包装落地卫辉的重要因素。

据介绍，作为目前宝钢包装首条自主建设的两片式易拉罐生产企业，其线速目前已提升到 3 000cpm（千人成本），具备年产 12 亿只铝制易拉罐的能力。

黄雪亮表示，目前百威英博河南地区 330 毫升易拉罐需求由河南宝钢制罐独供，公司与其他战略客户如华润雪花、可口可乐等啤酒饮料巨头也都建立了长期稳定合作关系。

与此同时，河南宝钢制罐通过不断提升设备性能，不断加强技术改造。2018 年 12 月底，河南宝钢制罐通过国家“两化融合”管理体系贯标评定，通过信息化系统达到对整个业务过程精细化管控，不断提高产品质量，提升客户满意度。

打造绿色发展基石，累计投资已超 600 万元

据介绍，河南宝钢制罐从生产线开工建设伊始，就嵌入了绿色发展的“基因”，并通过环保建设的持续投入，确保污染物排放符合国家标准。

近年来，随着京津冀区域大气污染防治工作的深入推进，河南宝钢制罐专门成立了节能减排小组，负责落实提升企业环保建设，并先后投入超过 600 万元提升绿色发展能力。

黄雪亮介绍，在节能建设方面，除了工厂内照明用电分阶段控制，河南宝钢制罐还充分利用厂房房顶屋面和太阳能，与晶科合作建设分布式太阳能光伏发电站，提升工厂生产的清洁能源使用占比，一年可为河南宝钢制罐节约电费约 40 万元。

与此同时,河南宝钢制罐也在其他方面做出改变。在降低企业的能源消耗和提升绿色能力方面,河南宝钢制罐除了更换低氮燃烧器,也计划通过技术合作的方式,降低空压机的用电量。

在减排方面,河南宝钢制罐则相继投资建设了污水处理及污水监测设备、中水回用系统,实现污水达标排放,并提升水资源循环利用率。此外,还新建油水分离设备、污泥干化设备、酸雾吸收塔等。

值得注意的是,为了降低排放废气中 VOCs(挥发性有机物)的含量,河南宝钢制罐投资建设 RTO 装置,对生产过程中产生的废气进行焚烧处置,处理效率超过 95%,实现废气超低排放。

得益于环保领域的持续投入,河南宝钢制罐在河南省级绿色工厂的基础上,于 2019 年 9 月 12 日被评为国家级绿色工厂,这也是整个宝钢包装旗下的第一家绿色工厂。

下一步,河南宝钢制罐将继续加大投入,将生产过程中产生的余热进行回收利用,并使用新的设备对生产过程中的废乳化液进行分离,从源头大幅降低危废的形成。

在厂区绿化方面,河南宝钢制罐也充分利用每一块空地,基本实现厂房和硬化路面以外的绿植全覆盖。

环保投入不设上限,个性化定制把握市场新机遇

企业绿色发展能力建设是一个持续完善的过程,要保证环保设备时刻处于有效工作状态,必要的维护成本必不可少。

以河南宝钢制罐为例，使用的蓄热陶瓷每两年就要更换一次。黄雪亮表示，如果要实现环保设备的有效性，每年投入的相关运营费用超过 100 万元。河南宝钢制罐在环保投入方面不设上限，只要政策层面出台、升级环保指标体系，就会立即拨出相应的资金进行环保建设升级。

与此同时，河南宝钢制罐也在积极申请环保绩效 A 级企业，进一步完善企业环保治理能力，不断提升企业的绿色发展能力。

为把握“互联网+”和定制化带来的市场机遇，河南宝钢制罐也在积极开拓非饮料包装使用场景产品，满足新一代主力消费群体的个性定制需求。

在河南宝钢制罐的展示架前，大河报·大河财立方记者看到了各种各样的铝合金易拉罐制品，除了可以用于包装饮料，还可以用来包装企业奖品和婚庆礼品。

这项个性化定制业务，正是“两化融合”赋予企业的柔性生产能力，为企业适应消费升级，带来的新发展动能。

（摄影　朱　哲）

案例 32 飞天农业从小麦和玉米中挖出新蓝海

大河报 · 大河财立方记者吴春波

随便买一瓶饮料，观察配料表，大概率你会看到果葡糖浆四个字。但很少有人知道，这种产品是由小麦和玉米加工制成的。作为淀粉糖的代表，果葡糖浆以冷甜特性、溶解度高、抗结晶性好、成本低、价格稳定等特点，已经在很多领域成为蔗糖的替代品。

在鹤壁淇县，作为国家级绿色工厂的河南飞天农业开发股份有限公司（以下简称飞天农业）生产的淀粉糖类产品，已经收获了可口可乐、百事可乐、蒙牛、伊利、雪花啤酒和青岛啤酒等一众国内外知名企业客户。

2020 年 11 月，2020（第十六届）大河财富中国论坛特别行动——绿色工厂产融对接直通车走进飞天农业，探寻这家国家级农业产业化龙头企业的绿色高质量发展路径。

把小麦、玉米做出新“内涵”，又被逼出信息化硬核

鹤壁淇县是河南省历史文化大县之一，历史上这里曾是商朝首都朝歌，境内的淇河（古称淇水）也是《诗经》里面提到最多的一条河流之一。

在淇水之畔，飞天农业把玉米和小麦深加工做出了新“内涵”。经过 14 年发展，这家成立于 2006 年的企业已经具备年加工玉米 50 万吨、小麦 24 万吨的生产能力，成为河南省加工规模最大、产业链最长的小麦、玉米深加工企业，主要产品除了淀粉，还有果葡糖浆、麦芽糖、麦芽糊精等产品。

通过监控室，记者看到，数千平方米的在果葡糖浆生产车间几乎完全对外封闭，循环空气也需经过消毒净化之后才可进入，整齐的发酵罐通过管道有序地连在一起，车间内空无一人，所有的生产过程均通过自动化设备完成，工人只需要在监控室通过生产管理软件操作即可。

飞天农业总经理兼绿色工厂项目负责人董得平告诉记者，目前，知名企业客户每年的需求规模占比已达到全年销量的7成以上，这些客户也倒逼飞天农业较早完成了企业的信息化支撑体系。“以可口可乐为例，除了最基本的产品品质控制和管理规范，对方还要求我们提供事前和事后的全程可追溯体系支撑。”

据介绍，2019 年，飞天农业实现营业收入近 14 亿元，实现企业利税约 6 392 万元。

良好的市场表现，与飞天农业的研发实力投入密不可分。2006 年成立当年，飞天农业就建立了自己的企业研发中心，后来被认定为省级企业技术中心和河南省功能性淀粉糖工程技术研发中心，持续完善工艺和推出新品。

“飞天农业能发展起来，也与金融机构的大力支持分不开。”董得平表示，希望接下来能在项目和资金上与郑州银行建立合作联系。

“两化融合”驱动绿色发展，推动企业降本增效

得益于良好的科研支持，飞天农业打造了全国第一个小麦精深加工全生命中后期的设计和评价体系，并与河南工业大学、齐鲁工业大学、中国环境科学院联手研发出小麦深加工绿色设计平台和示范生产线。

生产线的持续升级也带动了飞天农业的“两化融合”水平和绿色发展能力。

“绿色发展，实际上就是持续地通过技改，提高能源和资源利用效率，大幅降低对自然环境的影响，同时降低成本和提高收入。”董得平认为，实现绿色发展是制造业企业转型升级的必经之路。

2018 年，在持续升级的基础上，飞天农业启动了绿色工厂的建设和申报进程，并计划于 2021 年全面建成达产，实现制造过程绿色化程度占比 75%，实现企业技术绿色化程度 82.3%，同时降低生产成本 6%，以达到绿色工厂的高标准要求。

据介绍，全厂所有能改进的地方，飞天农业均利用国内先进的工艺和设备，进行了节水节电和自动化方面的改造，以提高原料、资源利用率。

一系列的改造使得飞天农业的原料利用率从改造之初的 97%提升至 99.5%，剩下的

0.5%的废渣，飞天农业也将其转化为沼气用于发电。

按照目前玉米2 500元/吨来计算，利用率提高2个百分点，等于每吨变相降低了50元的成本，如果再考虑到水电方面的成本节约效果，绿色发展降本效应更加明显。

2019年9月份，飞天农业被工业和信息化部认定为国家级绿色工厂。

不久后，飞天农业又联合其他几家科研单位，共同制定了小麦绿色工厂和绿色产品的评价团体标准，目前该标准已在中国团体标准网上进行公示。

得益于绿色工厂建设带来的“两化融合”程度的提升，飞天农业实现能耗降幅10%，同时还提高了产品质量的稳定性。

董得平认为，绿色工厂建设除了会带来长期的降本增效，新的运行模式也会带来企业管理理念的提升，并倒逼企业提升员工素质，引进更高层次的人才。反之，如果不进行绿色工厂建设，随着环境约束趋紧，企业可能会面临生存危机。

把副产品做大，蓝海市场呼之欲出

淇县是河南省农业大县，经过多年的产业发展和竞争，飞天农业周边200千米以内已经没有较大规模的小麦和玉米深加工企业，这为其持续发展提供了稳定的原料保障。

随着企业绿色发展能力的提升，飞天农业对高素质人才，尤其是软件开发人才的需求也越来越强烈，但由于人才区位方面的劣势，想引进足够的高端人才并非易事。

董得平说，为了解决人才方面的困局，也为了更好地靠近市场和提升研发能力，飞天农业斥资在企业云集的郑州高铁站附近购买了一整层的办公楼，并计划将公司的营销中心和研发中心放在郑州。

与此同时，飞天农业也计划通过副产品做大的方式，实现主营产品迭代升级。

董得平表示，任何一个产品都有其生命周期，有效的新产品研发不仅可以实现产品迭代，也将完善企业的产品竞争力，并为企业发展提供新的利润增长点。

按照飞天农业的计划，将在持续完善现有产品的基础上，把新产品目光投向小麦玉米深加工的副产品：玉米蛋白和小麦蛋白，相关的研发工作也随之展开，力争让其成为企业的主营产品之一。

据介绍，相对于目前规模较大的淀粉糖市场，玉米蛋白和小麦蛋白拥有更好的利润表现。玉米蛋白每吨价格约为 4 000 元~5 000 元，可以做成玉米蛋白粉，小麦蛋白可以做成小肽、人造肉，每吨价格超过了 1 万元。

董得平表示，在小麦的成分含量中，小麦蛋白占比达到 13%，未来产品开发的资源基础十分稳固，而植物蛋白谷朊粉做成人造肉规模的扩大，也将对目前动物蛋白市场形成有益的补充。

河南省是国内的粮食主产区，小麦产量占全国比重四分之一，玉米产量也名列前茅。近年来，国家持续强化对三农的支持，作为农副产品深加工的产业化龙头企业，也将成为延伸产业链和提升农副产品附加值的主力军。

（摄影　马腾飞）

案例 33　年产 20 万个汽车“心脏”，河南华洋加码循环经济

大河报・大河财立方记者　贾永标

1876 年，德国人奥托在大气压力式发动机的基础上发明了往复活塞式四冲程汽油机，掀开了素有汽车“心脏”之称的发动机进化序幕。

一百多年后的今天，位于许昌禹州的河南华洋发动机制造股份有限公司（以下简称河南华洋）开始在微车发动机领域探索循环经济，并获评省级“绿色工厂”等荣誉称号。

目前，河南华洋旗下的主要品牌“江陵动力”，在国内微车发动机市场占有率达到了10%。按照规划，河南华洋将在探索发动机循环经济的基础上，将触角伸向海外市场。

2020 年 11 月，2020（第十六届）大河财富中国论坛特别行动——绿色工厂产融对接直通车走进河南华洋，探寻这家企业瞄准海外市场的底气所在。

围绕微车发动机领域，打造绿色产业链条

禹州市区东南，近颍河与 237 省道交会处，数家制造业企业并肩坐落于此，河南华洋便是其中一家。

据介绍，河南华洋成立于 2014 年，专业从事微车发动机总成及相关零配件的研发、生产和销售。成立当年，河南华洋投资 32 002 万元在禹州市产业集聚区东产业园建设年产各种微车发动机动力总成 20 万件（套）项目，现已实现大部分投产。

记者在参观中了解到，河南华洋现自主研发投产 8 个微车发动机型，可基本适用于所有国产小排量汽车的发动机换新。目前公司主打热销 DK13-06、宏光 B12、B12、474Q 四种产品型号。

在河南华洋的生产车间里，记者看到由半人工和半自动化组合而成的流水线持续高效地运行，平均每条生产线每分钟约有 2 台发动机下线。“2018 年公司投资 3 600 万元，对原有的微车发动机缸体生产线进行智能化升级改造。增加机器人及传动带，建设年产微车发动机缸体 20 万件智能生产线项目，替代原有年产 20 万件缸体生产线。”河南华洋副总经理罗书然说。

根据规划，当地将出台相关优惠政策，吸引上游优秀供应商进驻园区生产并供应其余零部件，打造集约化集团的区位优势。同时河南华洋还将邀请下游经销商进驻公司园区，实时监督、查验发动机生产全过程，拉长上下游产业绿色化链条。

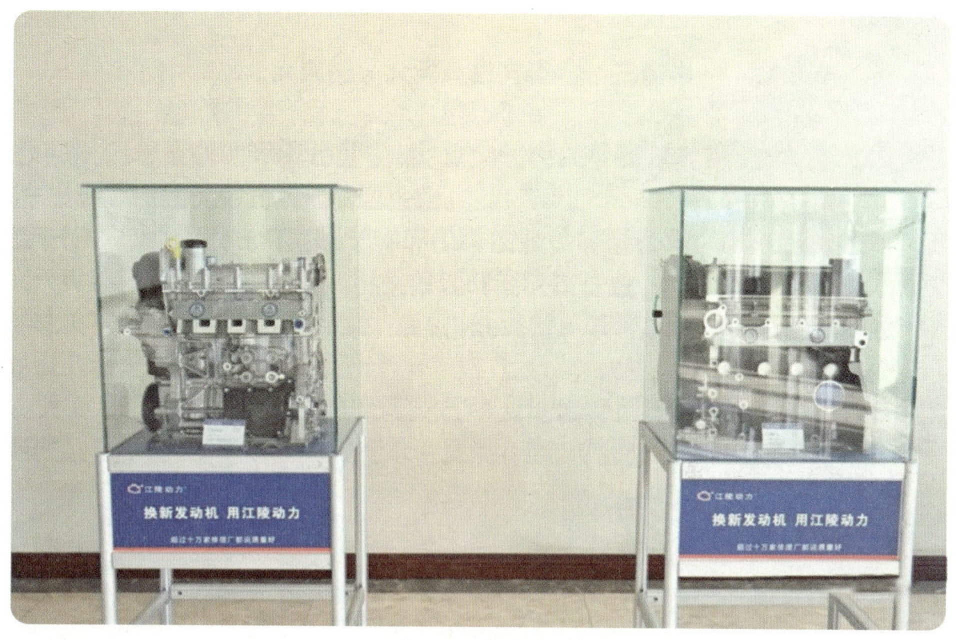

累计投入超 3.2 亿元，持续推进绿色升级

一家专注于发动机制造的企业，如何践行绿色发展理念？而这可以追溯到河南华洋建厂之初。

从能源角度来看，河南华洋通过安装用能监测设备，建立能源管理体系平台，在生产的同时合理计划和利用能源，降低单位产品能源消耗，提高经济效益，降低二氧化碳排放量。

罗书然介绍，能源管理中心将传统的能源管理与现代化、自动化、信息化的技术设备相结合，建立能源管理体系平台，实现实时监控设备运行、能源使用、发现故障、解决问题等功能，做到智能管控能源消耗，提高能源使用效率。

与此同时，河南华洋依托能源管理平台，建立了智能微电网。据了解，智能微电网主要是电力能源生产与消费在同一电力用户或者局域内实现一体化，包括小型电力运行管理系统对用电进行智能化控制，首先是智能电网在用户端的具体化，其次是分布式能源的升级版，将可再生能源的自由利用和常规能源的高效利用结合起来，是推进能源发展及经营管理方式变革的重要载体。

不仅如此，在河南华洋的厂区内，记者注意到，厂房屋顶光伏装机容量高达 1.6 兆瓦，设计年发电量 150 万度。借助智能微电网则可实现可再生能源的安全消纳，通过能源之间的调度，提高能源利用率。

“河南华洋的资源投入包括生产、生活中可供使用人力资源、财物力资源、信息资源、

技术资源、管理资源、可控市场资源、内部环境资源，自成立投产至今，河南华洋先后投入3.2亿余元，建设1.5万平方米的车间2个，购置了上百台大型数控加工、装配设备和检测设备。”罗书然说。

加码循环经济，“华洋牌”计划布局海外市场

公开数据显示，目前市场微车的保有量大约在1 000万台以上，其中每年有20%以上进入维保期，照此比例推算，发动机市场年淘汰量将达200万台以上。

这无疑为河南华洋开辟新赛道提供了契机。河南华洋董事长张东洋介绍，公司计划把这部分发动机回收、利用、再制造，成本仅为新零部件生产成本的50%，节约原材料53%，在生产过程中节能60%，综合计算，翻新零部件的售价仅为新零部件的50%。

不仅如此，得益于河南华洋的市场覆盖能力，公司可从下游500家汽车售后服务公司直接低价回收报废发动机。在此基础上，通过河南华洋已经研发的一套安全、便捷的半自动人工拆解方法，拆除能够重新再利用的零部件，对有磨损、裂缝、破碎等缺陷的进行再制造，确保其质量能够达到重新利用的水平后，包装发往各大销售渠道，构成一条绿色、经济的循环链条。

“在把华洋打造成为国内一流微车发动机供应商的基础上，我们计划围绕循环经济的战略，逐步打开海外市场。”张东洋表示，虽然上半年疫情对公司造成了一定冲击，但对于公司快速挽回损失和继续开拓新市场十分有信心。

值得一提的是，在此次走访过程中张东洋透露目前公司在扩产方面存在一定资金缺口，来自郑州银行、百瑞信托、财立方商业保理的相关业务负责人，现场完成对企业实际情况的摸排，并计划进一步对接为企业发展带来金融活水。

（摄影　朱　哲）

案例 34 首山化工“吃”下黑煤，“吐”出 3 条黄金产业链

大河报·大河财立方记者吴春波

焦化产业，因为产业资源消耗高、污染物排放量大，一直都被很多人认为是污染大户。

而位于许昌市襄城县的河南平煤神马首山化工科技有限公司(以下简称首山化工)，经过多年真金白银的环保建设投入，于 2020 年获评“国家级绿色工厂”。

2020 年 11 月，2020(第十六届)大河财富中国论坛特别行动——绿色工厂产融对接直通车走进首山化工，探寻这家焦化企业的绿色发展底气所在。

将煤炭“吃干榨净”，打通 3 条黄金产业链

首山位于许昌襄城县南部，山中煤矿特别适合炼焦炭，首山化工则是当地焦化产业的佼佼者。

企查查资料显示，首山化工成立于 2007 年 1 月，是由中国平煤神马集团、许昌卧虎山焦化有限公司、福建三钢闽光股份有限公司 3 家企业合资组建而成的混合所有制企业，持股比例分别为 51%、42.13%和 6.87%。

经过近 14 年的发展，首山化工的资产总额由成立之初的 3.9 亿元增至 65 亿元以上，焦炭产量由 32 万吨增至 300 万吨，销售收入由 2.8 亿元增至 100 亿元以上，产品由单一

的焦炭发展到30多种产品，建成了完整的煤基化工产业链。

在传统的炼焦业务方面，首山化工的焦炭产品品质在行业内数一数二，即便是面对宝武钢铁和鞍钢这样比较挑剔的客户，首山化工的焦炭产品仍可以享受免检待遇。

而在新兴业务方面，首山化工依托河南平煤神马集团的煤焦、尼龙、新能源新材料三大核心产业谋划产业布局，并利用焦炉煤气打通了3条黄金产业链，实现了从单一传统能源向传统能源与战略性新兴产业并重的蝶变。

第一条产业链，是炼焦过程中生产的焦炉煤气经提氢装置后生产出的氢气，通过管道输送至"中国尼龙城"生产六六盐、己内酰胺，形成煤基尼龙产业链。

第二条产业链，是利用炼焦过程中产生的煤气经提氢装置生产氢气，送至硅烷公司生产出8N级(99.999999%)高纯度硅烷气，通过硅烷法制多晶硅生产出电子级多晶硅，高纯度硅烷气同时供给隆基绿能科技股份有限公司生产太阳能电池片使用，形成煤基电子、光伏新材料产业链。

第三条产业链，是炼焦过程中产生的副产品焦油，经过加工生产出蒽油、洗油、工业萘等16种产品，其中将针状焦再作为原料送至碳素生产车间，生产超高功率石墨电极，形成煤基碳素、碳纤维产业链。

"首山化工通过煤气制氢与尼龙化工产业对接、焦油深加工与碳素产业对接、氢气制硅烷与光伏及电子产业对接。"首山化工党委书记、董事长蔡前进表示，"吃"的是每吨几百元的原煤，"吐"的则是焦炭、硅烷、光伏材料等战略新兴产品。

与此同时，第四条黄金产业链条也呼之欲出。目前，首山化工正加速推进20万吨环已酮项目和年产2亿立方米制氢项目，积极培育企业新利润增长点。据介绍，目前首山化工已经与省内一客车企业达成协议，合作生产适用于氢燃料动力新能源客车使用的高纯度氢。

减排放、上清洁能源，拿下省内首个焦化产业绿色工厂

据介绍，首山化工在建厂初期就对公司进行整体规划，在闲置土地及道路两侧实现100%绿化，绿化面积占厂区总面积 35%以上；利用循环冷却水修建了十余个、总面积约 15 000 平方米的景观湖。

但实际上，真正的绿色工厂从来都不只是种花、种草那么简单。随着大气污染攻坚战打响，以及国内大气污染治理相关指标逐步提升，首山化工的绿色工厂升级之路随之展开。

在治理有组织排放方面，2017 年，首山化工在焦炉烟囱废气治理方面吸取氨法脱硫教训，坚持“一次治理、杜绝二次污染”原则，投入 8 000 万元，确定了“干法脱硫（钠法）、布袋除尘、低温 SCR 脱硝和余热回收”综合治理技术路线，设计严控排放标准。

蔡前进表示，新的环保设施不但全面满足焦化行业特别排放限值要求，而且超前设计谋划，将 SCR 催化剂设计为用三备一。

据介绍，目前首山化工颗粒物排放稳定在 10 毫克/立方米、二氧化硫排放稳定在 30 毫克/立方米、氮氧化物排放稳定在 100 毫克/立方米以下，达到超低排放的要求。

在治理无组织排放方面，首山化工确定了自己的环保治理思路：“凡是能产生扬尘的环节，发现一处治理一处，目前基本做到了全方位覆盖，无死角治理。”

如在原料场治理方面，首山化工先后投入 4 000 余万元建设了密闭面积 6 万平方米全密闭煤棚，可储存煤炭 35 万吨；在道路运输扬尘治理方面，首山化工加大铁路运输率，并将卸车后的物料和炼好的焦炭通过全封闭皮带长廊运到指定地点，基本做到了“加煤不见煤，出焦不见焦”。

在处理挥发性有机物方面，首山化工投资800余万元，开展挥发性有机物回收利用。对容易收集、排放浓度高的化产品罐区，采取深冷回收技术，将回收废气变废为宝，每小时可处理VOCS废气650立方，年回收化产品50余吨。

“对于不易收集、排放浓度低且没有回收价值的易挥发性有机物，则采用回炉燃烧处理技术，直接将废气引入焦炉燃烧室燃烧，实现零排放。”蔡前进表示。

在清洁能源使用方面，首山化工利用楼顶、道路两侧及煤棚棚顶等空间建设光伏发电项目，目前月均发电量约50万度。

持续完善循环经济产业链，打造绿色经济新增长点

绿色发展是一个持续完善的过程。2020年，首山化工投资2 000万元，通过技术改造建设初冷器余热利用项目，对煤气热量进行回收利用，夏季制冷，冬季采暖，建成后每年可节约标准煤8 800吨。

另外，首山化工还在建设节能高效大容积清洁型焦炉，该炉为国内最先进7.63米大容积焦炉，采用三段加热，大大降低氮氧化物浓度。其中，分格蓄热实现加热煤气分布合理均匀；薄壁碳化室能减少炼焦耗热量，煤气回炉率在45%左右。

值得注意的是，随着环保建设的持续完善，首山化工还成立了专职环保管理部门，以强化环保管理。

蔡前进表示，上述三大黄金产业链条的打通，意味着首山化工在对接战略新兴产业方面已拥有足够的技术和产业支撑，而要保持与下游企业紧密联系、保证企业良性发展，绿色安全生产是前提。

在其看来，未来首山化工面临的挑战来自多方面，但环保管控始终处于首要位置，只有超前谋划、不断提升污染防治水平，才能稳步提升首山化工的核心竞争力。

（摄影　朱　哲）

案例35 年入近4亿元，恒久机械“只干轮胎以内的生意”

大河报·大河财立方记者　徐　兵

从郑州出发，向南行228千米，便进入了河南的农业大市——驻马店。

驻马店在河南农业发展中有着不可替代的地位，而随着河南制造业的快速发展，当地的工业制造领域亦涌现出一批制造业新星。驻马店恒久机械制造有限公司（以下简称恒久机械）就是其中之一。

成立7年的恒久机械年收入已近4亿元，在双金属复合制动鼓这一细分行业领域，产销额位居全球第一，国内合作的知名车企有一汽、二汽、陕汽、重汽等。

2020年11月，2020（第十六届）大河财富中国论坛特别行动——绿色工厂产融对接

直通车走进恒久机械，探寻这家企业快速成长的基因。

“根要扎不好，就没办法补救”

细雨生寒，驻马店金城大道上，疾驰而过的载重卡车在雨中呼啸而过。坐落于确山县产业集聚区的恒久机械厂区干净整洁，路边绿树成行。

恒久机械成立于 2013 年，是一家主要从事商用车“双金属复合制动鼓”“双金属复合制动盘”，商用车轻量化轮端产品以及新型耐磨材料的设计、制造、销售和服务的高新技术企业。

“从建厂之初，整个厂区的建设把绿化面积都做了提前规划。不光是行政办公区域考虑了大面积的绿化，在生产区域，也规划出绿化用地，保证厂区里绿植成片。”恒久机械董事长周立刚告诉记者。

不仅如此，恒久机械在建立生产线之初，也大量使用环保材料，并在图纸设计、管道布局、设备采购等方面做了绿色规划。“根要扎不好，就没办法补救。随着环保要求趋严，我们一直也在加大绿色化投入。”

周立刚指向远处又说：“那是前两年上的项目，生产线都是经过绿色化改造的，马上也要投产。”

之所以如此重视绿色化生产，周立刚认为，绿色不只是老百姓口中的健康，在生产制造领域还代表着质量，代表着节能。

走进恒久机械厂区内，一排排制动鼓摆放整齐，耳边响起的只有机器的轰鸣声。

“这是恒久机械与河北邯钢合作研发的，它采用特种定制低碳钢 ZDG400，其布式硬度达到 130，屈服强度 350，抗拉强度 480，延伸率大于 30，完美地解决了传统制动鼓掉顶及开裂现象。”周立刚边走边向记者介绍。

周立刚表示，该产品生产中采用一次性旋压制壳技术和自有专利技术的离心浇铸工艺，将两种材料完美熔合，能够有效地防止制动鼓掉顶、开裂等失效模式，增加了制动鼓使用寿命，更符合重型卡车轻量化的趋势要求。

此外，在生产过程中，恒久机械对节能环保要求也极为严格。周立刚说：“国家要求生产过程气体排放为 30 毫克，我们直接要求在 10 毫克以下，这不仅达到环保指标，也有利于产品质量的提升。”

“只做轮胎以内的活儿”

“只做轮胎以内的生意，轮胎以外的，我们不干。”拥有着 30 多年行业经验的周立刚向记者直言。在他看来，汽车领域是一个很庞大的市场，只有专注细分领域，方能制胜。

中汽协数据显示，2019 年，我国汽车产销分别完成 2 572.1 万辆和 2 576.9 万辆，同比分别下降 7.5%和 8.2%，产销量继续蝉联全球第一。

周立刚说：“无论是新能源还是无人驾驶，只要路上有车跑，就离不开制动系统，恒久机械会坚持做下去。”实际上，这些年恒久机械也是这样做的。

记者了解到，长期以来，该公司在技术、新产品研发方面不断加大投资，成效显著，营销、产值、利税等主要经济指标每年均以 20%的速度递增。

目前，该公司拥有20项专利、3项发明专利，先后获得“国家科技型中小企业”“中国机械工业科技进步二等奖”“驻马店市战略性新兴产业三十新企业”“驻马店市工程技术研究中心”等荣誉。

专注与坚持之下，恒久机械亦取得不错的业绩。据周立刚介绍，由于产品竞争优势较强，2020年以来，整体销售收入比去年同期增长39%，净利翻一番。

即使疫情影响之下，公司出口产品销售额仍实现大幅增长。“预计2020年公司营收4亿元，净利率8%左右。”他说。

记者了解到，客户方面，恒久机械产品配套国内四大汽车厂，如陕汽汉德、东风德纳、重汽、一汽集团。此外，该公司与美国美驰达成战略合作，产品批量出口至北美等市场。

但挑战也是有的。“人才是其中之一。由于地市以及行业因素，应用型人才较为紧缺，这也是公司亟须解决的问题。”周立刚说。

记者了解到，恒久机械与河南科技大学、郑州大学、华中科技大学等国内知名院校建立长期的合作，经过多年联合研制和人才交流，在制动鼓领域取得不错的成绩。

至于资本市场的谋划，“已经纳入公司计划中，2020年年底将启动股改，争取2022年递交上市材料。”周立刚说。

在他看来，上市是一件顺其自然的事情，只有提高自身实力，练好硬功夫，才是最根本的。

（摄影　朱　哲）

案例 36　六十年如一日，中原内配成为细分领域的世界冠军

大河报·大河财立方记者　贾永标　实习生　徐伟民

九曲黄河沿岸坐落着不少城市，焦作孟州在其中并不算知名。但这里不仅是“唐宋八大家”之首韩愈的故里，还聚集了交运装备制造、毛皮加工、生物化工三大颇具名气的主导产业。

尤其在交运装备制造领域，孟州更是孵化出了以中原内配为代表的龙头企业。作为世界气缸套一哥，中原内配的主营产品气缸套年产销量世界第一，奔驰、通用、福特、沃尔沃、捷豹、路虎等知名厂商均是其客户。

11 月 25 日，2020（第十六届）大河财富中国论坛特别行动——绿色工厂产融对接直通车走进中原内配，探寻这家国家级绿色工厂是如何在新环境下通过战略革新持续迸发活力。

60 年如一日坚守主业 造就细分领域世界级冠军

走近孟州市淮河大道，中原内配的几个厂区比邻而立，颇为吸睛，由这里产出的产品辐射全球多个地区，这在当地产业集聚区中也可谓一道亮丽的风景。

从 1958 年成立至今，在超过 60 年的时间里，中原内配的工作重心始终是小小的气缸套。气缸套是一个圆筒形零件，其与缸盖、活塞共同构成气缸工作空间，对于保障汽车发动机正常运作尤为关键。

据介绍，中原内配每年产销的气缸套达 6 000 万个，这些产品在国内市场占有率达 45%，在国际市场占有率为 15%以上，综合产销量在世界位居首位。

不仅如此，中原内配又通过孵化、并购等手段完善产业链布局，旗下子公司南京飞燕活塞环股份有限公司每年产出的活塞环达 1.2 亿片；旗下子公司中内凯思汽车新动力系统有限公司设计产能 180 万只钢质活塞，全部满足国六排放要求。上述公司在各自细分领域均表现亮眼。

目前中原内配及其控股子公司业务范围覆盖内燃机 PCU、汽车电子、智能驾驶、智能装备、激光工程、军工、合金刀具及金融服务八大领域。

“公司成立时间早，最开始从农机农具起家，后来在发展中将主营业务锚定在气缸套领域。”中原内配副总经理、董事会秘书刘向宁介绍，2000 年公司改制之后，抓住了国际发动机领域龙头企业康明斯在国内的替代需求，一举打开国际市场，自此在细分领域通过实施“专业化，国际化”战略，筑稳了护城河。

目前，中原内配围绕主导产业提出了“强链固基、促进主导产业升级”的战略，公司已在超前研发最新技术满足未来发动机发展。如其研发的气缸套新材料，可满足未来爆发压力超过 280 巴、大修里程超过 160 万千米国 VI 以上发动机使用；研发的气缸套新技术，可使发动机降低 10%～15%的摩擦损失，减少 3%～5%的燃油消耗。

多措并举绿色升级，打造智能能源平台年节约成本近千万

走进中原内配，错落有致的景观带让人感觉置身于花园。事实上，就如园区景观一样，近年来中原内配在绿色升级探索上取得了长足的进展。

在中原内配办公区域，一块“智慧大屏”引起了众人的注意，这里是该公司打造的能效管理平台。该平台不仅可以对公司的变配电、水、天然气系统的能耗进行秒级管理实时监测、数据采集和综合分析，还可对单只气缸套的能耗量进行分析，并进行有效管控。

由此带来的变化也十分明显。据统计，在该能效体系有效运行后，中原内配年节约成本 900 余万元，年综合能耗节约 5%，节约 1 300 万度电，折算标准煤 1 600 吨。

在制造工艺层面，中原内配同样进行了许多绿色改造。如采用一模双缸和一模多缸铸造工艺，使铸造生产效率提高 30%；采用新型涂料铸造工艺，使材料利用率平均提高 8%，铸造不良品率小于 1%；采用长管离心铸造工艺，使乘用车产品和部分商用车产品实现了干式切削、外圆少切削和不切削加工。

在推动园区绿色改造的同时，中原内配还较为重视使用清洁能源、余热利用以及水循环等。仅水资源一项，公司就已实现对生产过程中能够重复利用的水资源，全部循环利用。此外，通过对污水处理，达标后循环再利用于厂区路面洒水、绿化浇灌、浇注循环水池补水等方面，也把污水的循环利用率提高至 80%以上。

延伸产业链，三大战略稳步推进

2020 年，突如其来的一场新冠肺炎疫情，对一些外向型企业造成了一定影响。为分散产品单一化带来的市场风险，近年来中原内配正通过延伸发动机核心零部件产业链条、加速发展智能驾驶、进军新能源产业等手段加速多元化布局。

在中原内配生产车间，记者见到了行业内首条“无人值机、人机交互”智能化生产线。这一成果可以追溯到 2016 年，中原内配与郑州大河智信科技股份公司共同投资设立河南中原智信科技股份有限公司，加码智能制造领域。

此前，中原内配还通过参股灵动飞扬布局高级驾驶辅助系统（ADAS）产业，并推动相关系统由后装向前装市场发展；通过参股北京航天和兴科技有限公司，加码军工业务，推进战略升级。

不仅如此，中原内配还在延伸产业链上做了大量工作，计划将品牌优势转化为转型发展优势。如公司成立的鼎锐科技公司，聚焦高端制造业超硬材料和磨料磨具；成立的上海电子科技公司，则可为乘用车、新能源汽车提供电子控制解决方案，推进核心产品替代进口。

“过去专注于气缸套产品，让中原内配迎来了十几年的黄金发展期，未来我们仍然持续看好这一赛道。”刘向宁表示，公司管理层基于未雨绸缪的战略考虑，在目前现金流较为充沛的情况下，也在不断拓宽领域来寻找新的支柱产业，来支撑中原内配朝着更高的目标迈进。

（摄影　朱　哲）

小香菇做出大生意，仲景食品打造全渠道营销网络

大河报·大河财立方记者　唐朝金

在中国广袤无垠的大地上，北纬 33 度是一个神奇的存在。

从西伯利亚来的寒冷季风由于受到秦岭的阻隔，威力顿减；而因位于淮河沿岸，永不枯竭的水源又为其提供了湿润的空气。因此，有人将北纬 33 度称为中国的“黄金分割线”。河南省西峡县正坐落于此，而作为地理标志保护产品的香菇则是大自然的馈赠。

在过去的18年间，依托着西峡当地丰富的资源及技术创新，仲景食品股份有限公司不仅走出河南，还在前不久，将自己带入A股资本市场。

绿化率达28.78%，仲景食品收获国家级“绿色工厂”

7月23日，随着董事长孙耀志，副董事长、总经理朱新成敲响上市宝钟，仲景食品正式登陆中国资本市场。

在庆祝现场，仲景食品的辅导券商国金证券总裁助理兼上海承销保荐分公司总经理任鹏透露了一个细节：在辅导仲景食品上市的工作之余，在仲景食品的厂区散步时，朱新成经常会指着满园的植物考问任鹏。

尽管是笑谈，但也从一个侧面体现出仲景食品“花园式工厂”的些许细节。

走进仲景食品的厂区，满目苍翠，绿树成荫，一个个林荫花园错落有致地环抱着现代化的生产车间和办公楼宇，园林式的绿化氛围让人赏心悦目。

据仲景食品品牌总监屈云鹏介绍，在仲景食品厂区建立之初，公司就紧握环保理念，科学发展规划。例如在厂区建设方面，厂房多采用多层建筑结构，节省土地资源。公司还斥资600多万元用于改善企业的绿色环境和配套设施。最终形成了绿化面积超过2万平方米的花园式生产厂区，绿化率达28.78%。

随着整体产能的不断扩大，仲景食品每年的生产用水消耗量也在不断增大，而相应的工业废水量也在逐渐增多。为确保污水达标排放，仲景食品投资700多万元于2015年建成了污水处理工程，最大处理规模可达到1 000立方米/天。如今，该污水处理工程每年可处理污水8.78万余吨，处理后的污水可达到一级A类排放标准。

此外，仲景食品还投入30万元修建了通联厂区的水循环管网，用来联通二次利用处理后的达标污水。通过这个地下管网，处理后的污水可直达公司各个用水终端，进行灌溉厂区园林、洒扫路面、卫生间冲厕等。据了解，该水循环管网的利用，既满足了仲景食品其他用水需求，又减少了污水排放，实现社会效益与经济效益的“双赢”。

而在节能环保方面，仲景食品将绿色理念融入企业生产生活当中。

据屈云鹏介绍，仲景食品厂区建设过程中，采用新型节能墙体和屋面保温、隔热技术与材料，来实现厂房的保温隔热和密闭；园区内的室外照明均使用太阳能电池板供电，并设置时间控制照明装置，充分利用可再生能源；员工澡堂则采用太阳能热水系统，同时配备空气能热泵热水机组来保障持续制取热水，减少耗能。

据悉，仲景食品 2020 年又投资建设装机容量 1.42 兆瓦的光伏电站，利用太阳能一年发电量可以达到 140 万度，为公司照明及车间生产提供部分电力保障。厂区能源消耗以天然气及电能类的清洁能源为主，能减少二氧化硫和粉尘排放量近 100%，减少二氧化碳排放量 60%以上。

小香菇做出大生意，仲景食品敲响上市钟声

2002 年，依靠着收购破产的国企小厂，仲景食品正式起步。起步之初，仲景食品以香辛植物为原材料，利用超临界 CO_2 萃取等技术获得具有原始特征风味的油状提取物，然后通过定量调配技术，形成符合客户需求的产品。而仲景食品的“花椒油 120”正是依此技术产生，并获得 B 端客户的认可。

在获得稳定的渠道之后，朱新成开始将目光投向西峡当地的香菇产业。

坐落于伏牛山深处的西峡，地处亚热带向暖湿代的过渡地带，暖温带大陆季风气候为这里带来了 76.8%的森林覆盖率，也为这里带来了朵形圆整、花纹自然、脆嫩爽滑、芳

香肉厚的西峡香菇。

尽管香菇资源丰富，但在当时，由于香菇附加值太低，多数产品是以鲜菇和初加工的干菇进行销售，真正的香菇深加工产品几乎没有。

受到方便面小包调味酱的启发，朱新成突发奇想："能否把香菇做成酱呢？"2006 年，朱新成开始采用做豆豉的方法进行研制，经过 3 年试验，终于研制出了中国首创的发酵型香菇酱。

"在全世界，我们是第一个想到并利用发酵技术把香菇做成酱的，也是第一家把香菇酱推向市场的。"朱新成接受大河报・大河财立方记者独家专访时表示。

正是依靠着这种从 0 到 1 的创造，依托独创技术和原料产地优势，仲景香菇酱迅速打开市场，成为调味酱领域的爆款单品。

招股书显示，2017 年以来，仲景食品的营业收入连年增长，2017—2019 年分别为 51 673.6 万元、52 961.03 万元和 62 819.09 万元。与此相对应，其过去 3 年的净利润也实现连年增长，分别为 7 899.57 万元、8 100.05 万元、9 145.87 万元。

财报显示，2017—2019 年，仲景食品的调味食品和调味配料业务一直分庭抗礼、不相上下。然而在 2020 年上半年，其调味食品增长迅速，占到了 2020 年上半年仲景食品营业收入的 59.92%，而调味配料则下降至 40.08%。

需要说明的是，仲景食品的"朋友圈"也颇为豪华。招股书显示，仲景食品调味配料的销售客户有千余家，涉及的品牌有今麦郎、康师傅、海底捞、联合利华、奇华顿、双汇、安琪、金锣等。其生产的调味食品也经 900 余家经销商，覆盖永辉、华润万家、家乐福、盒马鲜生等各大知名商超及其他批发、零售渠道。

11 月 23 日，仲景食品正式登陆创业板，也成为河南首家创业板注册制上市公司。

对于上市，朱新成表示，上市只是一个新起点，考验才刚刚开始，未来要通过打造明星产品，丰富优势品类，重点发力全渠道全区域覆盖，让经销商能赚更多的钱，让仲景食品触达更多消费者，实现“让世界有滋有味”的企业愿景。

“那么多的投资者看好仲景食品，使企业的资金实力显著增强，为企业的后续发展提供了资金支持。同时，通过上市，更多投资者了解仲景食品，也会使仲景的产品力和品牌力得到显著提升。此外，企业上市对管理者也提出了更高的要求。因此，我们最好的行动就是努力为顾客提供更优异的产品，实现更优良的业绩，来回报股东、员工、上下游合作伙伴以及社会。”朱新成表示。

以上市为契机，打造全渠道覆盖的营销网络

随着仲景食品登陆资本市场，为其发展插上了资本的翅膀。

据了解，仲景食品本次 IPO 募集资金总额 9.94 亿元，募集资金净额 9.13 亿元。

在资金用途上，仲景食品的此次募集资金主要用于年产 3 000 万瓶调味酱生产线项目、年产 1 200 吨调味配料生产线建设项目、营销网络建设项目和补充流动资金。

在仲景食品公布的募投项目里，营销网络建设项目也将成为下一步工作的重点。

根据招股书显示，在项目建设期间内，仲景食品计划新增合作经销商 400 家，覆盖 KA 超市 2 800 家，BC 超市 4 100 家，便利连锁店 12 000 家。

对此，仲景食品表示，营销网络项目的建设将提升公司品牌的影响力和渗透力，进一步巩固公司现有市场地位，有效提升公司营销体系的运营效率。公司营销中心及新增办事处建设完毕后，公司将建成一个以营销中心为平台，市场办事处为依托的基本覆盖全国区域范围的营销网络体系，为公司布局全国市场的战略目标提供坚实的基础。

据相关知情人士透露，仲景食品的调味产品目前销售的区域以山东和河南为主，“区域性品牌”的特征依然明显。

“通过销售渠道建设，仲景食品将构建起全渠道的营销网络，实现产品的全区域覆盖。通过增加经销商，仲景食品的产品将触达更多的销售终端，也将被端上更多消费者的餐桌。”上述知情人士透露。

事实上，除了以家庭为单位的消费之外，在调味酱领域，一个更大的计划已经开始在仲景食品形成。

“仲景食品之所以能够做大做强，一方面得益于针对 B 端的调味配料为仲景食品的发展打下了基础，另一方面通过针对 C 端的调味食品的发力，为仲景食品在消费市场开疆拓土立下了汗马功劳。下一步，仲景食品除了继续延伸产品线，开发出更多爆款单品之外，还将加大研发力度，将调味食品向餐馆等领域扩展。目前，一些前期的工作我们已经在筹备之中。”朱新成表示。

（摄影　朱　哲）

案例 38 客户遍布五大电力企业，康宁特全链条布局建立护城河

大河报·大河财立方记者　王磊彬

近年来，随着国家对环保的重视，我国大气污染得到了有效遏制，空气质量逐步改善，其中出现了一批优秀的烟气治理企业。

位于新密市曲梁镇的河南康宁特环保科技股份有限公司（以下简称康宁特）是一家针对大气污染及 PM2.5 工业排放源头治理的高科技企业，针对电力、钢铁、水泥等行业的污染排放具有成套的系统解决方案。目前，是我国从事环境保护装备生产和技术服务企业中的领跑者之一。

11 月 24 日，2020（第十六届）大河财富中国论坛特别行动——绿色工厂产融对接直通车走进康宁特，探寻这家公司践行绿色发展、推动转型升级背后的故事。

靠“催化剂”实现烟气治理，国内知名电力企业、水泥企业是其客户

随着环保政策的趋严，越来越多的污染排放企业开始注重环保设施投入，实施绿色化升级改造。

而康宁特就是帮助这些企业实现环境治理的高科技企业，它能够对电力、钢铁、水泥、有色、玻璃、碳素等行业的除尘、脱硝、脱硫、脱汞、脱碳等提供一系列的治理服务。

据康宁特执行总裁张晓波介绍，目前公司推出的主要产品有 SCR 蜂窝式催化剂及脱硝工程，除尘、脱硫一体化超低排放治理，单项静电除尘，电袋复合除尘，板式和管式湿式

除尘、旋转极板除尘，高效除雾器及脱硫方案改造。

“公司产品已广泛应用于中国华能集团公司、中国国电集团公司、中国华电集团公司、中国华润集团公司、中国电力投资集团公司五大电力企业，长期为 300 个电厂、600 台机组服务。”张晓波说。

在水泥行业方面，河南孟电集团水泥有限公司、河南省大地水泥有限公司、登封市嵩基水泥有限公司、焦作千业水泥有限责任公司、中国长城铝业有限公司水泥厂等均采用了康宁特的治理系统。

在北极星环保网、北极星大气网联合举办的 2020“北极星杯”烟气治理影响力企业评选活动中，经过激烈角逐，康宁特环保公司脱颖而出，荣获水泥烟气治理影响力企业和脱硝催化剂影响力企业两项殊荣。康宁特能在激烈的市场竞争中获得成功并非偶然。据了解，康宁特“SCR 宽温高效催化”专有技术，能优化催化剂工艺设计、结构布置，满足不同的工况条件，做到一窑一策。同时能够优化系统布置，改善吹灰方式，解决高尘堵塞问题。

严格把控生产流程，从源头削减污染，提高资源利用效率

作为一家推动行业绿色环保发展的高科技企业，康宁特自身也在积极践行绿色发展理念，从工厂植被种植到厂房建设、生产设备等显示出勃勃生机。

康宁特厂区主要建筑采用钢结构体系，属于资源消耗少、对环境影响小的建筑结构体系。工厂的绿化植物，都以当地的乡土植物为主，多为抗污性强、净化能力强、有较好绿化美化效果、易栽培管理等特点的优良树种。

当然，康宁特的绿色工厂不仅体现在基础设施的绿化方面，更体现在生产流程方面。

康宁特采用的主要生产设备“SCR 脱硝催化剂自动生产线”，配套设备实施都是国内外最先进的设备，并优先选用节能节点设备。

“我们公司的生产线，采用世界领先的变频控制系统，从混炼、成型、干燥、煅烧、切割、组装等整个生产流程全部采用自动化控制，各个环节都含有国内外行业最先进的变频控制技术，并设有独立的控制室，实行网络监控自动控制生产系统。网络监控自动控制生产系统能做到数控、精准、节能、节电、节效、环保。”张晓波说。

在已有生产线自动控制的基础上，建设专家管理系统等，实现企业生产运营的自动化、数字化、模型化、可视化、集成化，从而提高企业劳动生产率、安全运行能力、应急响应能力、风险防范能力和科学决策能力。

据张晓波介绍，康宁特对生产过程进行清洁生产审核，针对不足不断改进设计，使用清洁的能源和原料，采用先进的工艺技术与设备，改善管理，综合利用，从源头削减污染，提高资源利用效率，减少或者避免生产、服务和产品使用过程中污染物的产生和排放。

此外，康宁特采用生产车间锅炉废水热能源再利用的新型模式，通过利用余热供应员工洗浴，减少了冷水再加热的能源浪费。锅炉蒸汽废水回收至锅炉房集中水池中，通过热水泵送至水箱进行冷却正常温度后，再通过自动软化水处理水系并达标，然后给锅炉自动补水，实现锅炉蒸汽废水回收循环再利用，同时也节约了水资源。

正是由于在绿色升级方面的长期投入，2018 年，康宁特被工业和信息化部评为国家级绿色工厂。

完善产业服务链条，拟进入垃圾焚烧发电、土壤治理等领域

2020 年以来，河北、河南、浙江等省份已相继发布各地水泥工业大气污染物排放标准，水泥行业的超低排放改造势在必行。这对康宁特来说，也是做大市场的好机会。

“未来，康宁特将持续加大科研力度，致力于水泥行业超低排放，为稳步推进和实现水泥行业的环保升级、高质量发展做出新贡献。”张晓波说。

“是否具有战略目标，是一个企业发展的关键。从创办至今，公司的业务空间一直在拓展。”张晓波说。公司以前做电力行业的环境治理，2014 年，电力行业的环境治理工作已经将近尾声，没有治理的企业都被列入了淘汰名单。

在此背景下，公司开始往水泥行业等非电行业的环境治理方面进军，并进行技术调研。

2015年底成立“水泥行业专用催化剂研发小组”，并取得技术突破。2017年中旬，在水泥生产线及公司试验平台完成中温脱硝催化剂的中试试验，2018年7月完成在线项目“水泥行业蜂窝式催化剂关键技术研究”脱硝专题研究及性能检测。

其中，水泥行业的蜂窝式催化剂一经推出，就获得了市场的认可。目前市场占有率达到30%左右。

除康宁特环保业务板块之外，还有工程技术公司、环境工程科技公司、催化剂研究院、环境设计院等，是国内环境装备制造和技术方案提供企业的全产业链服务商。

“以前公司专注于做产品，这几年随着市场的变化，公司开始转型做设计、产品、施工、监测评估、危废处理等全链条的服务商。”张晓波说，只有服务体系完善了，才能更好地服务客户、建立护城河，在市场竞争中才更具竞争优势。

在张晓波看来，企业发展的过程就是不断创新与完善的过程，未来5年，公司还将根据自身优势进入垃圾焚烧发电、土壤重度污染和酸碱度平衡治理等领域。

（摄影　朱　哲）

案例39　天能河南公司打造示范性循环经济产业园

大河报·大河财立方记者　王磊彬

位于濮阳市的天能集团（河南）能源科技有限公司（以下简称天能河南公司），是新能源动力电池行业领军企业天能集团在北方市场的重要生产基地。

公司成立 9 年来，凭着天能集团在全国布局的强大销售体系，市场规模节节攀升，销售额保持高速增长。

2020 年 11 月底，2020（第十六届）大河财富中国论坛特别行动——绿色工厂产融对接直通车走进天能河南公司，探寻这家国家级绿色工厂业绩倍增、打造循环经济体系背后的故事。

天能集团河南首个生产基地，2019 年销售额达 60 亿元

11 月 27 日，全球新能源企业 500 强揭榜，天能集团位列该榜单第 15 位，位居动力电池行业首位。而这也是天能集团第 10 次登上全球新能源企业 500 强榜单。

天能集团总部位于浙江省湖州市长兴县，是一家以绿色动力电池制造为主，集新能源汽车锂电池、汽车起动启停电池、风能太阳能储能电池的研发、生产、销售，以及城市智能微电网建设、绿色智造产业园建设等为一体的绿色能源解决方案商。

天能河南公司注册于 2011 年 11 月份，2014 年 4 月份开始投产，是天能集团在河南布局的第一个生产基地，总投资 10 多亿元。

据天能河南公司办公室主任程可红介绍，公司的主要业务为电动车用铅酸电池的生产与销售；蓄电池配件（电池外壳、隔板）制造及本公司自产产品的销售；外购电池、极板、电池配件的销售。

尽管天能河南公司成立仅有 9 年时间，但借助天能集团在全国的品牌影响力、销售渠道以及产品优势，业绩一年一个台阶，呈现逐年增长的态势。

天能河南公司财务总监侯显文告诉记者，目前公司生产的电池销往全国各地，但出于节约物流成本的考虑，大部分产品销往河南及周边省份。

“天能河南公司是一个集生产、销售、回收等于一体的生产基地，产业链与全国其他基地相比相对完善。”侯显文说。

“公司主导产品为动力铅酸蓄电池，不论是市场占有率还是品牌知名度，都处在行业领先地位。近几年，随着大家节能环保意识的提升，市场规模不断扩大。2019 年，天能河南公司销售额达 60 亿元，纳税金额位列濮阳市民营企业前茅。在就业方面，公司安排各类就业人员 3 000 多人。”程可红说。

据了解，天能集团在河南共有三个生产基地，分别位于濮阳、济源、孟州三个地方，濮阳公司是三个基地中规模最大的。

持续推进智能化绿色化改造，打造生产、销售、回收循环经济体系

作为新能源电池的龙头企业，天能集团一直坚持走绿色循环可持续发展之路。围绕动力电池的“生产、销售、回收、冶炼、再生产”打造循环经济产业园，并形成闭环式绿色产业链，实现资源无限循环利用。

据程可红介绍，天能河南公司从筹建之初就把绿色环保作为企业的生命底线，将清洁生产技术贯穿于循环经济生产各个环节，实现产品技术“低耗化”和制造设备的“节能化”。

从制造的源头开始，注重材料对环境的保护，淘汰对环境污染重的重金属和不可回收材质，采用性能好、可循环回收利用原料，从源头进行绿色设计产品规划；在制造的关键环节，采用行业内最先进的极板连铸连轧连涂生产线、智能回馈式充电机、智能机器人手臂等一大批智能自动化设备，技术上采用冷切削造粒、全自动铸焊、自动加酸等技术。

“在智能自动化设备投用之前，整个生产工艺需要四五十个工人，而现在仅需四五个人维护设备就可以。”程可红说。

此外，在设备没有升级之前，刚生产的动力电池每充一次电需要 7 天左右的时间，而工艺改进之后，两天就可以充好，效率大幅提升。

与此同时，为了保证电池的质量，在电池生产过程中需要反复地充电、放电，以确保电池的性能更加稳定。而释放出来的电，公司通过智能回馈式充放电机又把它收集起来反复使用，同样也节约了大量成本。

程可红告诉记者，在电池生产过程中，需要用水来降温。为了节约水资源，天能河南公司在濮阳建立了最大的雨水收集池，约 2 万平方米，实现了生产废水、生活污水和厂区雨水分类收集、分类深度处理，使生产废水的各项指标超低标准排放。

在末端治理上，公司投资 5 000 万元建成了国内一流的水处理中心，在废气排放上，VOC 废气治理后排放浓度远低于国家标准，使铅蓄电池在生产过程中，影响环境的污染因子得到全面有效控制。

“为做好废旧电池回收利用，天能河南公司又配套成立了再生资源公司，专门用来拆解废旧电池；成立了塑壳公司，用来生产电池的塑料外壳。最终形成了生产、销售、回收、冶炼、再生产的循环经济体系。”程可红说。

企业的做法获得了国家和社会各界的广泛认可，2020 年，天能河南公司被工信部评为国家级绿色工厂。

2021 年计划销售达到 80 亿元，打造示范性循环经济产业园

“企业要发展需要人才做保障。”侯显文说，公司非常重视人才，已经形成了一套成熟的人才引进与培养体系。正是这些优秀人才，为公司的创新发展提供了源源不断的力量。

“公司各系列产品的技术来源主要来自天能集团和本公司的自主研发。”程可红说，天能河南公司注重自主创新，每年投入销售收入的3%~5%作为科技研发经费，用于新产品、新工艺和新技术研究开发。

据了解，天能河南公司先后申报成立了河南省动力铅硅蓄电池工程技术研究中心、濮阳市动力铅硅蓄电池工程技术研究中心、濮阳市市级企业技术中心、濮阳市动力铅蓄电池（VRLA）重点实验室。

2012年以来申报技术专利近240项，获批国家专利210项，参与制定国家标准5项。近年来开发新产品7项，关键技术创新30多项。

天能河南公司在创新发展中，实现了生态环境保护、职工健康保障、企业生产效益的同步提高，也助推了公司绿色循环可持续发展。

“受疫情的影响，2020年的工作时间比往年少了一个月，预计2020年的销售业绩与2019年基本持平，明年计划持续增长20%左右。”程可红说。

目前，天能河南公司积极响应河南省智能制造三年行动计划，持续加大对环境保护的投入，从2019年开始，计划投入3.5亿元对电池制造的关键环节进行智能信息化升级改造，自主研发生产过程MES系统管控，实现公司年降本1亿元，减排80%。

“公司在总排放指标不增加的情况下，再投资10亿元，用于增加废旧电池回收再利用技改年处理量扩大项目。”程可红说，天能河南公司将以天能集团北方总部为目标，打造示范性循环经济产业园。

“未来，天能河南公司将坚持智能化、绿色化的发展战略，加快从生产型制造向服务型制造、传统型制造向智能型制造转变的脚步。”侯显文说。

金融机构负责人谈产融对接

大河报·大河财立方记者　裴熔熔

1. 申学清(郑州银行党委副书记、行长):加码绿色金融,赋能河南实体经济

河南作为国内重要的新兴工业经济大省,一直把制造业转型升级作为高质量发展的主战场,近年来更是乘着“绿色发展”之风,全力向高端化、智能化、绿色化迈进。风起扬帆之时,金融的助力不可或缺。

在河南省工业和信息化厅、河南日报报业集团指导之下,郑州银行联合大河财立方等联合启动“绿色工厂产融对接直通车”活动,下沉18地市,带着100亿元意向授信走进绿色制造企业,为河南制造业送去金融活水。

这100亿元意向授信将如何用?郑州银行将如何进一步赋能河南实体经济?2020年10月30日,带着这些问题,大河报·大河财立方记者对郑州银行党委副书记、行长申学清进行了专访。

100亿元意向授信额度,支持河南绿色制造

2015年5月19日,国务院发布《中国制造2025》,将“绿色发展”定为我国的一项基本方针,提出要全面推行绿色制造,到2020年,建成千家绿色示范工厂和百家绿色示范园区。时至今日,随着科技进步以及资源、环境等制约因素不断增加,发展绿色工厂,推进制造业绿色转型发展,成为制造业国际竞争的新趋势。

河南作为新兴工业大省,在这场转型升级浪潮中,更担重任。

从去年8月份数据来看,河南省制造业规模总量约1.8万亿元,居中西部第1位、全国第5位,占GDP的比重超过37%,培育出食品、装备制造两个万亿级产业,新能源客车、盾构机、智能手机等成为河南制造新名片。2019年,河南省规模以上工业增加值同比增长7.8%,高于全国平均水平2.1个百分点。2020年上半年,顺利跨越疫情冲击,工业生产由负转正,全省规模以上工业增加值增长0.6%。

“基于这一背景,我们联合大河报·大河财立方启动了‘绿色工厂产融对接直通车’,目的是为了推广河南绿色制造发展成果,提升企业知名度和美誉度,推进河南省绿色制造体系建设。”申学清告诉记者,此次郑州银行拿出100亿元的意向授信额度来支持河南绿色制造企业,希望以此推进河南省制造业绿色转型发展,助推河南涌现出更多的绿色工厂、绿色园区、绿色供应链,进而带动绿色信贷业务、绿色金融业务的发展。

据大河报·大河财立方记者不完全统计,截至目前,河南省已累计创建115家国家绿色工厂、31项绿色设计产品、10家绿色园区、10家绿色供应链管理示范企业。其中,国家级绿色工厂数量连续多年居中部六省第一。

“绿色工厂产融对接直通车”活动成功走进河南39家国家级或省级绿色工厂,面对面开展银企对接,推动银企知己知彼,及时掌握金融需求与痛点。

绿色贷款余额8.43亿元,同比增长373.6%

当“绿色”成为时代之风,作为国民经济血脉的金融业,必然要增添“新绿”。绿色金融由此诞生。

绿色金融,简单来说就是金融业对生态环保以及环境污染治理领域的资金支持。

郑州银行绿色金融业务负责人曾表示,虽然绿色企业项目产出较慢,但实践表明绿色项目可持续发展能力强,未来能产生稳定的现金流。尤其是绿色贷款的不良率低,有利于保证信贷质量。

如今,这一市场正有尚待挖掘的巨大发展空间。

据《中国绿色金融发展研究报告2019》显示,2018年我国绿色金融资金总需求为2.1万亿元,但总供给只有1.3万亿元,供需缺口达8 000亿元。报告预测,2019年我国绿色金融资金总需求量将达到2.5万亿元。

而据中国金融学会绿色金融专业委员会测算,“十三五”期间我国每年需要的绿色投资规模大约在3万亿元,而政府出资仅占10%~15%。

巨大的资金缺口和市场潜力,正倒逼银行业积极创新,拓展绿色金融。

据了解,大多数绿色企业在项目建设前期投资较大,资金紧张,对中长期贷款需求大,对银行的批贷速度要求较高,银行需要进行产品创新,以迎合市场发展需求。郑州银行就是其中之一。

申学清告诉大河报·大河财立方记者,郑州银行自2014年起开始探索绿色金融发展,不断将社会资金引导至绿色产业,并将绿色发展理念落地生根,如今效果显著。

截至2019年末,郑州银行绿色贷款余额8.43亿元,较上年末增加6.65亿元,增长373.6%,不良率仅为0.015%。同时为响应实体经济高质量发展,逐步压缩“两高一剩”行业贷款,进一步优化信贷结构,还积极发行绿色债券,帮助绿色企业降低融资成本。如今已发行两期共计50亿元绿色债券,投向节能、污染防治、资源节约与循环利用、清洁交通、清洁能源及生态保护和适应气候变化等绿色产业。

据了解,目前郑州银行正着手准备新一轮绿色金融债的发行申请,未来将以绿色金融债券发行为契机,带动绿色信贷业务、绿色金融业务再上新台阶。

持续聚焦产品创新,扎实做好“六稳”“六保”

开展“绿色工厂产融对接直通车”活动、支持河南绿色制造业,其实只是郑州银行扎实做好“六稳”工作、全面落实“六保”任务的行动之一。

2020年不同往时,新冠肺炎疫情让实体经济受到巨大冲击,郑州银行作为河南本土城商行,根植郑州、鼎立中原,发挥全省联动合力,帮助企业应对疫情冲击、加速复苏回血，全力为全省工作大局注入金融动力。

据申学清介绍，2020年以来郑州银行全省联动，针对不同类型企业的融资需求，推出了专属政策与产品，一户一策制订预案进行分类帮扶，全力破解企业资金难题，为河南省"六稳六保"工作输血供氧；同时，创新赋能，以供应链融资为抓手，支持参与疫情防控定点医院以及政府征用疫情防控物资生产企业为核心的"1+N"供应链融资业务，并充分发挥商贸金融特色品牌"五朵云"的优势，为商贸物流企业提供精准融资解决方案，为河南省"六稳""六保"工作提供"加速器"；此外，银政联动，积极参加各级政府举办的"三送一强"活动，与多地政府联合举办银企对接会，对接省市发改委重点投资项目等，大力支持实体经济，为河南省"六稳""六保"工作注入不竭动力。

据统计，截至目前，郑州银行专门推出的最高可贷1 000万元的低利率"复工贷"产品已投放800余户，总金额达15亿元；疫情期间，该行对696户普惠小微企业发放972笔信用贷款；对8 400多户暂时困难企业实行延期还本付息政策，涉及金额281.61亿元；全力推进人民银行防疫抗疫专项再贷款、支小再贷款等落地24亿元，受惠企业近800家；通过"云商"平台为168家上游中小企业供应商累计融资14.04亿元。

申学清表示，接下来郑州银行将不忘初心，继续加大对实体经济的支持力度，持续聚焦产品创新，加快数字化转型进程，持续深化"商贸金融、小微金融、市民金融"三大特色业务定位建设，继续依法合规经营，集中精力推进全面转型和精细化管理；同时，稳步推进轻资本转型，鼓励低风险、低资本消耗业务稳步发展，扩大并购、撮合、标债承销等投资银行类轻资本业务规模，建立信贷资产流转的长效机制，推动存量资产有效盘活，逐步优化信贷结构，向高质量发展迈进。

2. 张中伟（郑州银行驻马店分行小企业金融服务中心主任）：对企业经营状况、融资需求有了更客观判断

参与本次绿色工厂产融对接活动，让我们对金凤牧业、广大鸿远、恒久机械等公司有了更深入的了解。通过大河财立方的牵线搭桥，我们对企业的经营状况、融资需求有了更加客观的判断，企业对郑州银行驻马店分行的金融产品也有了更深入的了解。

我们将以此为契机，加强银企交流互动，针对不同企业的需求，制订相应的合作方案，为这些企业提供一揽子金融服务。

3. 朱泽宇（郑州银行新乡分行长垣支行行长）：将设计综合金融服务方案服务企业

通过本次绿色工厂产融对接活动，郑州银行新乡分行了解了卫华集团发展情况和未来规划，详细接触了卫华集团产、供、销、财务管理等相关信息，也与卫华集团加强了银企沟通交流。目前，我们正与卫华集团旗下一家企业洽谈合作事宜，我们将根据企业实际需求为其设计一套综合的金融服务方案，提供融资、发债、理财、银企直连、供应链融资等服务。

4. 李欣(郑州银行中牟支行对公副行长):有助于实现对企业精准服务

通过参与绿色工厂产融对接活动,我们收获颇多。

首先,通过参观工厂,我们对凯雪冷链的生产流程、产能等有了更直观的认识。尤其是该公司在绿色工厂方面的实践,体现了该公司的创新精神与成果。

其次,通过与公司董事长、副总经理等高管的交流,我们对凯雪冷链当前的发展重点、下一步的发展规划、融资需求都有了更清晰的了解,有助于在之后的对接中,选取更适合凯雪冷链的业务类型,实现精准服务。

最后,我们将以此为新的起点,与凯雪冷链就建立更深层次的业务合作关系进行对接,并积极推进落地。

5. 金昱(郑州银行洛阳分行副行长):走访活动进一步助推授信获批

在走访企业之前,郑州银行洛阳分行就已经与隆华科技建立对接,分行对隆华科技 7 000 万元授信等待总行审批。

通过走访活动,我们与企业董事、副总经理、财务总监建立了更深度地联系,并在具体走访中加深对企业的了解和认知,有助于进一步助推授信获批,支持实体经济发展。

6. 刘元中(郑州银行许昌分行副行长):活动形式新颖,加强了银企关系

本次绿色工厂产融对接直通车活动,给金融机构提供了走进企业生产一线的机会,与企业主要负责人进行面对面交谈,在加深对企业理解的基础上,促进了双方业务的合作进展。

活动形式新颖,有助于加强银企之间的关系,未来我们将以此为契机,为企业量身设计金融产品,发挥金融活水的助推作用,为地方经济发展继续做贡献。

7. 李乙楠(郑州银行新密支行副行长):对企业认知上升到新高度

参加本次绿色工厂产融对接直通车活动之前,郑州银行新密支行已经与企业保持多年的合作关系,金融的职责就是要支持实体经济发展。

通过这次实地走访,我们对企业的认知上升到了一个新的高度,目前双方合作的各项融资工作进行得都很顺畅,我们决定再对其票据池增加 2 000 万元授信。

8. 李俊杰（郑州银行新郑新华路支行对公副行长）：将根据企业实际需求设计综合金融服务方案

本次活动，让郑州银行新郑新华路支行参与人员受益匪浅。我们更深刻地了解了河南瑞泰的创业史、发展成就、企业的综合实力和未来规划，近距离掌握了河南瑞泰产、供、销、财务管理等相关信息。

下一步，我们将根据企业实际需求为其设计一套综合的金融服务方案，提供融资、发债、理财、银企直连、供应链融资等服务，更好服务实体经济发展。

9. 关伟（郑州银行登封颍河路支行行长）：对走访企业整体授信 2.45 亿元

经过本次绿色工厂产融对接直通车活动，郑州银行登封支行与嵩基水泥在原来业务合作的基础上，对嵩基集团整体授信达到 2.45 亿元，其中嵩基水泥 2.1 亿元，嵩基建材 3500 万元。

目前嵩基水泥已落实 1.5 亿元，嵩基建材的融资正在走流程，活动凸显了金融赋能企业发展的重要作用。

10. 吴正延（郑州银行信阳分行公司部总经理）：本次活动加强了银企沟通交流

参与绿色工厂产融对接活动，郑州银行信阳分行参加人员受益良多。

首先，本次活动使我们更深刻地了解羚锐集团的创业史。可以说，是老一代羚锐人的艰苦奋斗，为羚锐集团现在的蓬勃发展打下了坚实的基础。

其次，通过本次活动，郑州银行信阳分行和羚锐回顾了以前双方合作的情况，了解了羚锐集团目前的发展情况和未来规划，近距离了解了羚锐集团产、供、销、财务管理等相关信息。

最后，通过本次活动，与羚锐集团加强了银企沟通交流。我们将根据企业实际需求为其设计一套综合的金融服务方案，提供融资、发债、理财、银企直连、供应链融资等服务。在此再次感谢大河财立方提供本次与企业深入交流的机会。

11. 百瑞信托（百瑞信托郑州财富管理一部总经理助理）：安排专人制订金融服务方案

百瑞信托安排专人跟随大河财立方先后走访了包括铁福来、好想你、天能集团等在内的 9 家企业，在银企对接环节向走访企业简要介绍了百瑞信托近年来的发展情况，并着重介绍了百瑞信托的现金管理、家族信托以及供应链金融等相关业务的开展情况。铁福来、好想你和戴卡轮毂均在沟通中对百瑞信托上述业务表现出一定兴趣，并表达了继续沟通对接的意愿。下一步，百瑞信托将针对企业具体情况，安排专人制定业务合作方案。

12. 王萌（河南大河财立方商业保理有限公司高级项目经理）：有的放矢地设计出企业需要的产品

绿色工厂产融对接直通车活动，可以让金融机构更真实地了解到企业的资金需求和金融产品模式诉求。

商业保理属于集融资、应收账款管理、信用担保等于一体的综合性金融服务，更加关注企业的供应链体系建设，通过为企业供应链上下游提供保理服务，助推企业高质量发展。

河南大河财立方商业保理有限公司（以下简称财立方保理），是河南首批获准设立的商业保理公司。财立方商业保理以“赋能中小微，解决融资难”为愿景，从供应链角度帮助中小微企业解决融资难、融资贵问题。

在此次绿色工厂产融对接直通车活动中，财立方保理通过39站不间断的参与走访，进一步了解了企业在金融业务方面的需求，有助于我们有的放矢地设计出适合企业发展诉求的供应链金融产品，也为财立方保理的业务发展打下坚实基础。